알쏭달쏭 신조어와 우리말 바로 쓰기

초판 2쇄 발행 2025년 6월 30일

글쓴이	이재희
그린이	이현정
편집	허현정
디자인	이재호
펴낸이	이경민
펴낸곳	㈜동아엠앤비
출판등록	2014년 3월 28일(제25100-2014-000025호)
주소	(03972) 서울특별시 마포구 월드컵북로22길 21, 2층
홈페이지	www.moongchibooks.com
전화	(편집) 02-392-6901 (마케팅) 02-392-6900
팩스	02-392-6902
SNS	
전자우편	damnb0401@naver.com
ISBN	979-11-6363-886-5 (73700)

※ 책 가격은 뒤표지에 있습니다.
※ 잘못된 책은 구입한 곳에서 바꿔 드립니다.
※ 이 책에 실린 사진은 셔터스톡, 위키피디아에서 제공받았습니다. 그 밖의 제공처는 별도 표기했습니다.

 도서출판 뭉치는 ㈜동아엠앤비의 어린이 출판 브랜드로, 아이들의 지식을 단단하게 만들어 주고, 아이들의 창의력과 사고력을 키워 주어 우리 자녀들이 융합형 창의 사고뭉치로 성장할 수 있도록 좋은 책을 만들겠습니다.

펴내는 글

우리끼리 쓰는 신조어, 이대로 괜찮을까?
신조어 사용은 언어 파괴일까, 언어 변화일까?

선생님의 질문에 교실은 일순간 조용해지기 시작합니다. 인내심이 한계에 다다른 선생님께서 콕 집어 누군가의 이름을 부르는 순간 내가 걸리지 않았다는 안도감에 금세 평온을 되찾지요. 많은 사람 앞에서 어떻게 말을 해야 할까 고민 한번 해 보지 않은 사람은 없을 겁니다.

사람들 앞에서 자신의 생각을 조리 있게 전달하는 기술은 국어 수업 시간에만 필요한 것이 아닙니다. 학교 교실뿐만 아니라 상급 학교 면접 자리 또는 성인이 된 후 회의에서도 자신의 의견을 분명히 표현할 수 있어야 합니다. 하지만 어디서부터 시작해야 할지 몰라 입을 떼는 일이 쉽지 않습니다. 혀끝에서 맴돌다 삼켜 버리는 일도 종종 있습니다. 얼떨결에 한마디 말을 하게 되더라도 뭔가 부족한 설명에 왠지 아쉬움이 들 때도 많습니다.

논리적 사고 과정과 순발력까지 필요로 하는 토론장에서 자신만의 목소리를 내려면 풍부한 배경지식은 기본입니다. 게다가 고학년으로 올라가서 배우는 수업과 진학 시험에서의 논술은 교과서 속의 내용만을 요구하지 않습니다. 또한 상대의 의견을 받아들이거나 비판하기 위해서도 의견의 타당성과 높은 수준의 가치 판단을 해야 하는 경우가 많은데, 자신의 입장을 분명히 하기 위해선 풍부한 자료와 논거가 필요합니다.

토론왕 시리즈는 사회에서 일어나는 다양한 사건과 시사 상식 그리고 해마다 반복되는 화젯거리 등을 초등학교 수준에서 학습하고 자신의 말로 표현할 수 있도록 기획되었습니다. 체계적이고 널리 인정받은 여러 콘텐츠를 수집해 정리하였고, 전문 작가들이 학생들의 발달 상황에 맞게 스토리를 구성하였습니다. 개별적으로 만들어진 교과서에서는 접할 수 없는 구성으로 주제와 내용을 엮어 어린 독자들이 과학적 사고뿐만 아니라 문제 해결력, 비판적 사고력을 두루 경험할 수 있도록 하였습니다. 폭넓은 정보를 서로 연결 지어 설명함으로써 교과별로 조각나 있는 지식을 엮어 배경지식을 보다 탄탄하게 만들어 줍니다. 뿐만 아니라 국어를 기본으로 과학에서부터 역사, 지리, 사회, 예술에 이르기까지 상식과 사회에 대한 감각을 익히고 세상을 올바르게 바라보는 눈도 갖게 할 것입니다.

『알쏭달쏭 신조어와 우리말 바로 쓰기』는 신조어 사용으로 인한 세대 간 의사소통 문제와 친구 사이에 벌어질 수 있는 문제를 이야기합니다. 요즘 초등학생은 신조어로 대화하며 친구와 친밀감을 느낍니다. 이 책은 루리와 세 친구를 통해 신조어란 무엇인지, 어떤 상황일 때 신조어를 사용하는지, 바르고 고운 우리말을 사용해야 하는 이유는 무엇인지를 알아봅니다. 그 과정에서 어린이 스스로 무분별한 신조어 사용을 자제하고, 우리말을 아끼고 사랑할 수 있도록 하였습니다.

편집부

차례

펴내는 글 · 4
신조어, 외계어인가요? · 8

1장 진짜 우리말 맞나요? · 11

- 신조어는 재밌어!
- 나만의 부캐 만들기

토론왕 되기! 신조어, 그대로 써도 될까?

2장 로운이의 꿈은 웹툰 작가 · 37

- 꿈을 향한 도전

토론왕 되기! 신조어로 한국어를 배워도 될까?

뭉치 토론 만화
이 말이 무슨 말이야? · 51

3장 우리는 또래 선생님 · 57

- 우리말이 서툰 마리
- 우리말 바로 쓰기
- 우당탕탕! 바른 말 배우기 작전

토론왕 되기! 헷갈리는 맞춤법 꼭 지켜야 하나요?

4장 일상의 지배자, 휴대 전화 · 89

- 휴대 전화가 없다면?
- 단톡방에서 사라진 친구들

토론왕 되기! 왜 줄임말을 쓰면 안 되나요?

5장 또래 한글방 · 107

- 바르고 고운 우리말을 알리자!

토론왕 되기! 신조어 사용은 언어 파괴일까? 언어 변화일까?

어려운 용어를 파헤치자! · 127

알아 두면 좋은 한글 공부 관련 사이트 · 128

신나는 토론을 위한 맞춤 가이드 · 129

* 온라인에서 개인을 대신하는 캐릭터.

진짜 우리말 맞나요?

⊙ 신조어는 재밌어!

교문을 나서는 아이들이 시끌벅적 떠들었다.

"와, 신난다. 내일은 공휴일!"

"매달 5월과 10월이면 좋겠어."

"맞아. 그래야 일요일이 많아서 실컷 놀지."

민호의 목소리에 루리가 고개를 절레절레 흔들며 말했다.

"어유, 공휴일과 일요일도 구별하지 못하나 봐."

민호는 다들 들으란 듯이 큰 목소리로 말했다.

"근데 매년 한글날마다 숙제야. 멘붕('멘탈 붕괴'의 줄임말로, 멘탈은 정신이고 붕괴는 무너지다는 뜻이다)이다, 멘붕!"

"맞아, 노답(답이 없음)에 핵노잼(몹시 재미없음)."

루리가 민호의 팔을 툭 치고 지나갔다.

"야, 이루리!"

루리는 모른 체하고 잰걸음으로 걸어갔다.

"너네 엄마 한국어 쌤(선생님)이라면서, 넌 숙제 어떻게 할 거야?"

루리는 들은 척하지 않았다.

"야, 이루리! 내일이면 늦으리? 아예 미루리?"

루리는 걸음을 멈추고 민호를 노려봤다. 시윤이도 덩달아 민호를 쏘아봤다.

"리리 리자로 끝나는 말은, 병아리 개구리 잠자리 까투리 이루리 한 마리!"

"뭐라고 내가 짐승이니, 한 마리?"

루리가 주먹을 볼끈 쥐어 올렸다. 옆에 있던 이든이가 루리의 팔을 잡았다.

"에구, 찐텐(진짜 텐션) 장난 아닌데. 에구, 무셔라(무서워)!"

민호가 혀를 날름거리며 약을 올렸다. 민호 옆에 있던 다른 남자아이들도 혀를 날름거리며 놀려댔다.

"일부러 그러는 거야. 네가 참아."

이든이가 말했다.

"넌 왜 그래. 친구가 곤란하면 도와줘야지."

루리가 못마땅한 눈빛으로 이든이를 바라봤다.
"엄마가 말 같지 않은 말은 상대하지 말랬어."
이든이가 루리와 시윤이를 보며 빙그레 웃었다.
이든이도 루리처럼 아이들에게 자주 놀림을 받았다. 아이들은 이든이를 볼 때마다 "이것이든, 저것이든, 무엇이든." 하면서 놀려댔다. 그때마다 이든이는 대꾸하지 않았다.

집에 온 루리는 분이 풀리지 않았다. 마음 같아서는 당장 이름을 바꾸고 싶었다. 루리는 답답한 마음을 아빠에게 털어놓기로 했다.

똑똑똑.

루리는 아빠의 서재 문을 두드렸다.

"들어와."

서재 안으로 들어간 루리는 볼멘소리로 말했다.

"아빠, 내 이름 바꿔 주세요. 율리아로!"

노트북으로 일을 하던 아빠가 의아한 눈길로 루리를 바라봤다.

"왜?"

"애들이 자꾸 놀린단 말이에요."

루리는 오리 입처럼 입을 쑥 내밀었다.

"이루리! 이루리!"

아빠는 루리 이름을 조용히 불렀다.

"루리야, 네 이름은 무엇이든 '좋은 뜻은 다 이루다'의 이루리! 부를수록 좋은 것 같은데?"

루리는 하굣길에 있었던 일을 얘기했다. 그러자 아빠는 너털웃음을 터뜨렸다.

"재밌네, 녀석들. 그렇다고 좋은 이름을 바꾸면 안 되지. 로운이는 세상을 이롭게 할 거라며 만족하던데."

아빠가 대수롭지 않게 말했다.

"오빠는 오빠고요. 어유, 할많하않!"

루리는 한숨을 폭 쉬며 일어났다.

"할많하않?"

아빠가 궁금한 듯 루리에게 되물었다.

"할 말은 많지만 하지 않겠다고요."

루리는 투덜거리며 거실로 나왔다.

루리의 우리말 노트

친구의 이름 대신 별명을 불러도 될까요?

별명은 그 사람의 특징을 따서 남이 지어 부르는 이름입니다. 별명 중에는 친구의 좋은 점을 보고 붙인 것도 있지만 친구의 나쁜 점이나 싫어하는 점을 붙인 것도 있습니다. 어떤 친구는 별명을 불러 주는 걸 좋아하지만 어떤 친구는 이름 대신 별명으로 불리는 걸 싫어합니다. 부르는 사람은 친근함의 표시라 하더라도, 듣는 사람이 싫어한다면 별명을 부르지 않는 것이 좋습니다.

1장 • 진짜 우리말 맞나요?

⦿ 나만의 부캐 만들기

일요일 오후, 아빠는 소파에서 책을 보고, 엄마는 주방에서 간식을 준비했다. 루리는 식탁에 앉아 휴대 전화를 들고 부지런히 손가락을 움직였다.

루리 곁에 온 로운이가 한마디했다.

"아주 푹 빠졌네, 푹 빠졌어."

"오빠, 조용히 해. 제페토 메시지 중이야."

루리는 크리스에게 반모(반말 모드)로 메시지를 보내는 중이었다.

루리의 휴대 전화를 슬쩍 본 로운이가 아는 척했다.

"너 반말 잘못하면 반박(반말 모드 박탈)이야."

"그 언니는 안 그럴걸. 내가 반신(반말 모드 신청) 하니까 금방 받아 줬다고. 우린 오래전부터 임반(이미 반말 모드)이야."

루리의 말에 아빠가 고개를 갸우뚱했다.

"너희들 하는 말이 영 생소하네."

루리가 아빠 곁으로 가서 휴대 전화를 보여 줬다.

"이거 보세요, 제페토 안에서 사용하는 말이에요. 여기 '율리아'가 저예요."

루리는 제페토에서 율리아라는 이름으로 활동하는데, 매일 출석하는 것이 일과였다. 율리아는 아바타 친구들과 함께 신나게 춤을 추고 놀이동산에도 가고 편의점에도 갔다. 가끔 새 옷으로 갈아입고 머리 모양도 다양하게 바꿨다. 아빠가 한 번 쓱 보고는 다시 책으로 눈길을 돌렸다.

루리가 주방으로 걸어가며 말했다.

"엄마, 나도 율리아처럼 단발로 머리 모양 바꿀까요?"

엄마는 아무 말이 없었다.

"엄마! 나 머리 자른다고요."

루리가 목소리를 높이자 엄마가 시큰둥하게 대답했다.

"자르긴 뭘 잘라?"

"여기 댓글에 단발머리가 잘 어울린다고 난리예요."

"이루리, 그건 아바타야. 네 실제 모습이 아니고!"

엄마가 하던 일을 잠시 멈추고 말했다.

아빠가 루리를 힐끔 보며 말했다.

"작년에도 단발로 머리 모양을 바꾸고 울었던 거 같은데."

루리가 멈칫하자 로운이가 거들었다.

"아빠, 제페토 율리아는 루리의 부캐(부 캐릭터)예요. 근데 루리가 자꾸 착각해요."

루리가 시무룩한 표정을 지었다.

그때 로운이의 휴대 전화가 울렸다.

"응, 같이 가자. 너 우리 반 또라이(어리석은 사람 또는 독특한 사람) 알지? 그래, 마빡(이마) 툭 튀어나온 애. 걔 비주얼(생김새, 모양 등 겉으로 보이는 부분)은 완전 쩔지(대단하지) 않냐. 우리도 걔처럼 쇼핑몰에서 옷 사서 잘 매치하면(같이 입으면) 짱(최고)일 거야. 그리고 오저치고(오늘 저녁은 치킨 고)?"

로운이가 전화를 끊자 아빠가 엄마에게 물었다.

"여보, 로운이 말 들었지? 쟤 말이 도대체 우리말이야?"

엄마가 과일이 담긴 접시를 아빠 앞에 놓았다.

"허어, 참!"

아빠가 혀를 내둘렀다.

"울 아빠는 은근히 엄근진(엄격과 근엄, 진지의 합성어)이셔."

루리가 과장된 목소리로 말했다.

"엄근진? 그건 또 무슨 말이니?"

엄마의 말에 루리가 말뜻을 설명했다.

"어유, 가족끼리도 이리 소통이 잘 안 되니 원."

아빠가 고개를 절레절레 저었다.

"이러다간 부모 자식 간에 의사소통이 단절되겠어요."

엄마의 말에 로운이가 대답했다.

"아빠도 요즘 유행하는 말을 알아 둬야 할 걸요? 그래야 얘들이 재미있게 읽을 테니까요."

"맞아요."

루리가 맞장구쳤다.

아빠가 심각하게 말했다.

"실제 대화 글을 쓸 때 필요할 수도 있겠지. 하지만 제대로 된 맞춤법이나 바른 말을 사용해야 우리 한글을 후손들에게 잘 전달할 수 있는 거야."

"네."

루리와 로운이는 서로 눈치를 보며 알겠다고 대답했다.

며칠 뒤 저녁 시간에 텔레비전의 광고를 보며 로운이가 물었다.

"아빠, '뽀리또리'도 상품으로 나올 수 있다고 하셨잖아요. 아직도 제안이 많이 들어오나요?"

"아직 생각 중이야."

아빠가 담담하게 말했다.

"생각을 언제까지 할 거예요. 얼른 결정해야지."

엄마가 못마땅한 표정을 지었다.

『또리뽀리의 여행』은 아빠의 대표적인 동화책이다. 아빠가 만든 첫 책의 주인공 '뽀리또리'는 모르는 이가 없을 정도로 큰 인기였다. 도서관이나 학교에서 강연 요청도 많았다. 아빠는 지금도 그 인기몰이를 계속하고 있다. 게다가 메일이나 DM, 편지를 보내온 독자가 많아 시간이 날 때마다 답장을 했다.

"정말 정성이야. 저러니 늘 시간이 모자라지."

엄마는 투덜거리면서도 아빠의 꾸준한 인기를 누구보다 기뻐했다.

아빠는 『또리뽀리의 여행』을 만화 영화로 만들자는 제안도 받았다. 가족 모두 은근히 기대했지만 아빠는 생각할 시간이 필요하다고 했다. 『또리뽀리의 여행』은 유튜브 '책 읽어 주는 엄마' 채널에서도 여러 번 소개되었다. 엄마는 아빠 책이 소개될 때마다 기쁜 마음으로 '좋아요'를 꾹 눌렀다. 어떤 독자보다 또리뽀리 캐릭터를 사랑했다.

"광고가 얼마나 중요한데, 당신도 욕심 좀 내 봐요."

"대부분의 광고가 사실보다 너무 과장되잖아."

"엄마, 그건 그래요. 아이돌이 광고하는 바지가 세젤멋(세상에서 제일 멋지다)처럼 보여서 샀더니 폭망(폭삭 망함)했잖아요. 후유!"

로운이가 한숨을 폭 쉬었다.

"그 바지, 아빠 바지처럼 벙벙하고 정말 웃겼어."

루리가 키드득 웃었다.

저녁 식사 뒤 루리는 또 제페토를 들어갔다. 그러고는 율리아의 방에서 옷을 골랐다.

"엄마, 어떤 옷이 예뻐요?"

"네가 골라 봐."

엄마는 루리가 고른 율리아의 옷을 보며 말했다.

"딸, 미적 감각은 대물림이야."

엄마는 어릴 때, 외할머니가 그려 준 인형에 다양한 옷을 그려 입혔다고 했다.

"문구점에서 종이 인형과 옷을 팔았는데, 외할머니는 솜씨가 좋아서 종이에 그려 주셨어. 그 종이 인형으로 친구들과 역할극 놀이를 많이 했지."

엄마는 외할머니가 그려 준 종이 인형 덕분에 친구들에게 인기가 많았다고 했다.

루리는 엄마에게 물었다.

"그런데 종이 인형은 율리아처럼 여기저기 다니지 못하고 친구도 없잖아요. 마음대로 꾸밀 수도 없고요."

때마침 루리의 휴대 전화에 알림음이 울렸다.

"엄마, 이것 봐요. 율리아는 가고 싶은 곳은 어디든지 갈 수 있어요. 이 안에서 새로운 친구도 만나고 먹을 것을 사기도 해요. 이제 친구들이랑 같이 자전거를 타고 돌아다닐 거예요."

율리아는 루리의 손끝을 따라 날렵하게 자전거에 올라탔다. 루리는 제페토 안에서 이곳저곳 돌아다녔다.

"엄마, 여기 내가 좋아하는 블랙소녀랑 엄마가 좋아하는 세븐어스도 있어요."

루리는 엄마에게 제페토 안에서 노래와 춤을 추는 블랙소녀를 보여 줬다. 거기에는 블랙소녀와 같이 춤을 추는 여러 아바타가 있었다. 그리고 〈내일 또 만나〉를 노래하는 세븐어스도 있었다. 공연 영상 아래로 줄줄이 댓글이 달려 있었다.

세븐어스를 좋아하는 엄마는 감탄사를 연발하며 영상에 빠져들었다.

"요즘 같은 시대에 딱 어울리는 공연이네."

로운이가 말했다.

"외국 가수들은 새 노래를 발표할 때, 아바타가 참여할 수 있게 한대요. 마치 콘서트장에 간 것처럼요. 아바타가 가수들의 춤을 추기도 하고요."

"어머, 신기하고 재미있네."

엄마의 말에 아빠가 말했다.

"당신, '메타버스'란 말 들어 봤어?"

아빠가 물었다.

"그게 뭔데요?"

"메타버스는 지금 영상으로 본 것처럼 가상 세계의 아바타를 통해 여러 가지를 경험하지."

엄마가 관심 있게 들었다.

"익숙해지려면 시간이 좀 걸릴 거야. 어른들은 멀티미디어나 인터넷 문화에 좀 서투르잖아."

아빠는 말을 마치고 서재로 들어갔다.

"엄마, 엄마도 제페토에 가입해요. 내가 알려 줄게요."

루리가 엄마 휴대 전화를 가져왔다.

"엄마, 직접 한번 해 봐요. 그래야 이해가 쉽지요. 지금 가신(가입 신청)해요."

곁에 있던 로운이가 거들었다.

엄마가 회원 가입을 하자 루리는 그 안에서 주는 코인(온라인상의 디지털 화폐)으로 엄마의 아바타를 꾸몄다. 루리는 첫 번째로 엄마를 팔로우했다.

"이제 엄마는 여기서 내가 자유롭게 무엇을 하는지 볼 수 있어요."

엄마는 제니스라고 이름 지은 아바타를 마음에 들어 했다.

"핵인싸(아주 커다랗다는 뜻의 '핵'과 잘 어울려 지내는 사람을 의미하는 '인사이더(insider)'의 합성어로, 무리 속에서 아주 잘 지내는 사람을 뜻한다.)!"

로운이가 말했다.

"엄마, 킹왕짱(최고)!"

루리도 옆에서 거들었다.

루리는 엄마와 제페토 친구가 되자 제일 친한 친구 시윤이에게 전화를 했다.

"우리 엄마, 이제 제페토 해. 너도 팔로잉 해 줄래?"

루리는 한껏 들뜬 목소리로 말했다.

엄마는 율리아를 눈여겨봐야겠다고 생각했다. 율리아의 활동이나 메시지를 보는 것이 루리를 이해하는 데 도움이 될 듯했다. 루리는 율리아를 자신과 동일시하니까.

신조어와 줄임말 알아보기

요즘 초등학생은 신조어나 줄임말을 많이 사용합니다. 신조어는 새로 생긴 말, 또는 새로 생긴 외래어 등을 말합니다. 10대가 많이 사용하는 신조어로는 심쿵(마음이 설레거나 두근거리는 상태를 표현), 멘붕(정신이 혼미해지거나 당황스러운 상태), 잼민이(재미없는 사람) 등이 있습니다. 줄임말은 원래의 말을 중간마다 한 글자씩 따서 짧게 줄여 쓰는 말을 말합니다. 생선(생일 선물), 중꺾마(중요한 건 꺾이지 않는 마음), 비번(비밀번호) 등이 있습니다.

아무래도 신조어나 줄임말은 그 자체로 재미있고, 또래 친구들 사이를 더 가깝게 해 주거든요. 하지만 또래 친구끼리만 아는 말을 쓰는 건 옳지 않습니다. 세대 간 의사소통에 어려움이 생길 수 있거든요.

앞으로도 신조어나 줄임말은 계속 생겨날 것입니다. 그때마다 신조어나 줄임말만 쓰려고 하면 원래 말을 잊어버릴 수도 있습니다. 지금까지 아무 생각 없이 편리하고 재밌으니까 신조어나 줄임말을 썼다면, 앞으로는 아름다운 우리말을 사용해 보세요.

10대가 신조어를 사용하는 이유

요즘 10대가 신조어를 사용하는 이유는 무엇일까요? 스마트학생복에서 조사한 '청소년 언어 사용 실태' 설문 조사에 따르면 짧게 말하는 게 편해서, 친구들이 사용해서, 재밌어서라고 응답했습니다. 그런데 우리말인 한글을 재미나 편리를 위해 바꾸는 것은 옳지 않습니다. 지금부터 신조어를 사용하는 이유를 알아볼게요.

★ 평소 올바른 한국어를 사용하고 있나요?

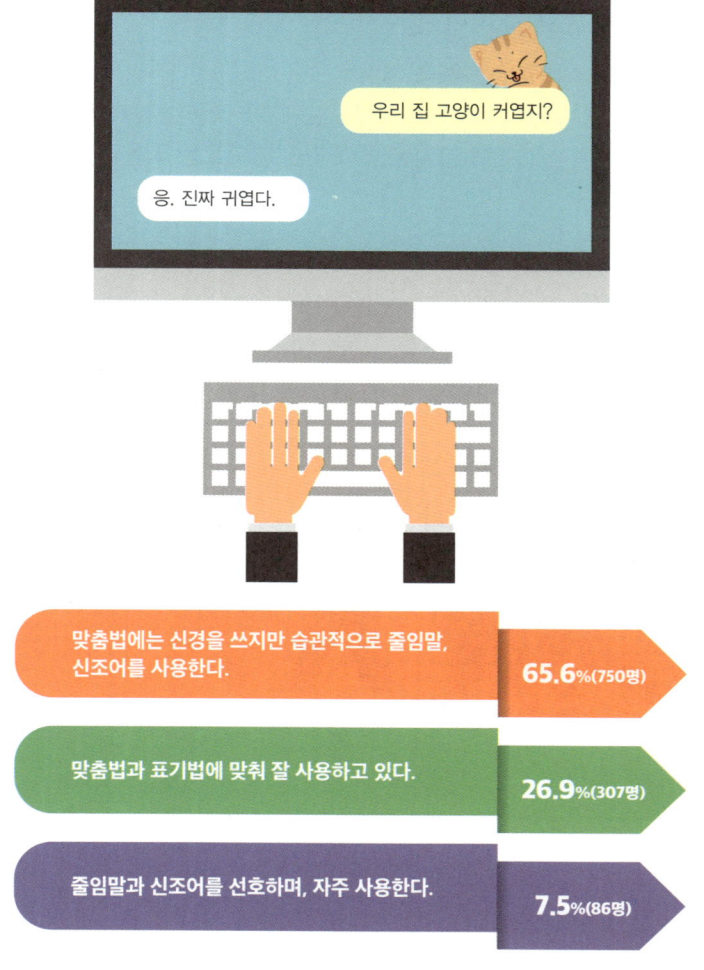

맞춤법에는 신경을 쓰지만 습관적으로 줄임말, 신조어를 사용한다. **65.6%(750명)**

맞춤법과 표기법에 맞춰 잘 사용하고 있다. **26.9%(307명)**

줄임말과 신조어를 선호하며, 자주 사용한다. **7.5%(86명)**

★ 신조어나 줄임말을 사용하는 이유는 무엇인가요?

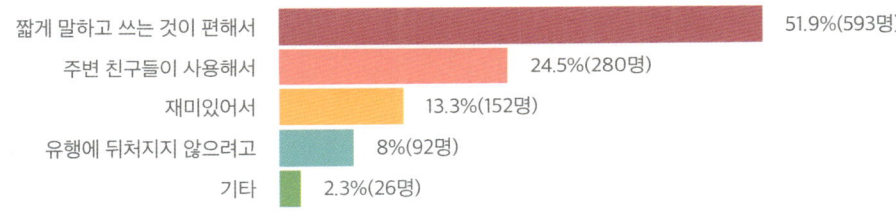

- 짧게 말하고 쓰는 것이 편해서: 51.9%(593명)
- 주변 친구들이 사용해서: 24.5%(280명)
- 재미있어서: 13.3%(152명)
- 유행에 뒤처지지 않으려고: 8%(92명)
- 기타: 2.3%(26명)

★ 10대가 신조어를 가장 많이 사용할 때

- SNS(인스타그램, 페이스북 등) 이용할 때: 24%(274명)
- 친구들과 대화할 때: 21.7%(248명)
- 커뮤니티 활동할 때: 5.3%(61명)
- 게임할 때: 1.8%(21명)
- 메신저(카톡 등) 이용할 때: 46%(526명)
- 기타: 0.9%(10명)
- 메타버스: 0.3%(3명)

출처: 스마트학생복, '청소년 언어 사용 실태' 설문 조사(2021년), 대상 청소년(1,143명)

토론왕 되기!

신조어, 그대로 써도 될까?

루리야, 요즘 우리 반 아이들 신조어 많이 쓰잖아. 근데 넌 우리말 바로 쓰기 운동에 앞장서면서 왜 제페토에서는 신조어나 줄임말을 사용해?

다들 신조어나 줄임말을 많이 쓰니까 나도 모르게 사용한 것 같아. 왠지 신조어를 쓰면 더 친한 느낌이 들거든.

그렇긴 해. 근데 나 하나 더 궁금한 게 있어. 제페토 안에서 루리란 이름을 율리아로 바꾼 이유가 뭐야?

애들이 루리라는 이름으로 자꾸 놀리는 것도 싫고, 율리아는 마음대로 어디든지 갈 수 있고 무엇이든 할 수 있는 이름 같거든.

다들 부캐 이미지로 새로운 이름을 쓰기는 하지만 율리아가 실제 너는 아니잖아. 제페토 안에서 그냥 너를 대신할 뿐이잖아.

알쏭달쏭 신조어와 우리말 바로 쓰기

맞아. 알면서도 내가 율리아가 되면 기분이 좋고 자유로워. 나는 이루리이고, 율리아는 내가 되고 싶은 또 하나의 나일 뿐이라는 걸 잊지 않을게.

 나도 신조어보다 바르고 고운 우리말을 쓰도록 노력할게.

* 여러분은 신조어 사용에 대해 어떻게 생각하나요? 누군가와 더 친해지기 위해서 신조어를 사용하는 게 좋을까요? 친구들과 함께 이야기를 나누어 보세요.

선 잇기 퀴즈

아래 단어와 설명을 잘 읽고 알맞은 것끼리 연결해 보세요.

① 고유어 • • ㄱ 온라인 게임에서, 주로 사용하는 캐릭터를 말해요.

② 신조어 • • ㄴ 순우리말 또는 토박이말이라고 불러요.

③ 줄임말 • • ㄷ 새로 새긴 말이나 새로운 단어가 된 외래어를 말해요.

④ 본캐 • • ㄹ 주로 두 단어 이상으로 이루어진 말을 짧게 줄여서 만든 말이에요.

정답: ①-ㄴ, ②-ㄷ, ③-ㄹ, ④-ㄱ

로운이의 꿈은 웹툰 작가

◉ 꿈을 향한 도전

　어릴 때부터 만화책을 즐겨 보았던 로운이의 꿈은 웹툰 작가이다. 로운이는 글을 잘 모르던 어린 시절부터 만화책 보는 것을 좋아했다. 글을 깨치고 난 후에는 만화를 보며 그림에 알맞은 대사를 만들기도 했다. 또 만화 캐릭터에 맞게 목소리 톤을 다르게 읽기도 했다. 그 모습을 본 엄마가 아빠에게 말했다.
　"여보, 로운이는 연기자가 되려나 봐요."
　그 당시 로운이의 모습은 꼭 연기자처럼 보였다.
　로운이는 초등학교에 들어간 이후에는 웹툰을 자주 보았다. 웹툰을 본 뒤 로운이의 꿈은 만화가에서 웹툰 작가로 바뀌었다. 로운이가 좋아하는 장르는 판타지다.

"오빠, 왜 판타지가 좋아?"

한번은 루리가 물었다.

"소재와 공간이 무궁무진하잖아. 메타버스가 아바타를 이용해서 가상 공간을 마음대로 돌아다니는 것처럼 나도 그런 세계의 이야기를 만들 거야."

로운이는 좋아하는 웹툰 작가의 그림과 말풍선을 꼼꼼히 살피고 메모했다. 그리고 '좋아요'를 누르거나 댓글로 응원을 했다. 가끔 댓글에 자신의 의견을 적었다.

로운이는 틈만 나면 여러 종류의 책을 읽고 만화를 그렸다. 아빠의 서재에는 다양한 책들이 많아서 로운이는 수시로 아빠의 서재에 들락거렸다. 로운이는 이미 진로를 결정했다. 애니메이션 고등학교에 가서 웹툰을 배울 생각이다.

엄마가 로운이에게 물었다.

"로운아, 만화와 웹툰은 무슨 차이야?"

"만화가 독자에게 일방적으로 내용을 전달한다면 웹툰은 독자와 서로 소통을 할 수 있어요. 웹툰 플랫폼에서 작가와 독자가 서로 대화를 나눠요."

만화를 제대로 배우고 싶은 로운이는 요즘 웹툰 학원에 다니는 중이다.

어느 날 로운이가 고민하며 같은 장면을 그렸다 지웠다 하는 모습을 본 루리가 말했다.

"오빠, 내가 보기엔 비슷비슷한데 대충 그려."

"안 돼. 나 같은 독자는 한 장면 한 장면을 꼼꼼히 봐. 이렇게 성실하게 보는 독자가 있는데 대충 그리면 안 되지."

루리가 책을 가까이 하는 오빠에게 물었다.

"오빠는 무슨 책을 그렇게 많이 봐?"

"루리야, 만화를 그리려면 다양한 경험과 지식이 필요해. 그래야 좋은 웹툰을 만들 수 있어. 아빠도 평소에 여러 가지 책을 보고, 거기서 아이디어를 얻어 새 작품을 쓰기도 하잖아."

로운이는 창작 노트에 대강의 줄거리를 쓰고 여주(여자 주인공)와 남주(남자 주인공)의 머리 모양과 옷차림, 말투 등을 빼곡히 메모했다. 그런 로운이의 모습을 본 아빠는 아주 좋은 습관이라고 칭찬했다. 로운이는 가끔 루리에게 자기가 그린 만화를 보라고 보여 줬다.

"무야호(신날 때 하는 소리)! 여기 여주 완내스(완전 내 스타일)야. 오빠, 이거 당장 인터넷에 올리면 안 돼? 넘 재밌어. 엄지척(최고)!"

루리가 엄지손가락을 들어 올렸다. 루리와 로운이는 둘이 있을 때 가끔 신조어나 줄임말을 사용했다.

우연히 로운이의 창작 노트를 본 엄마는 깜짝 놀랐다.

"여보, 이 이야기 정말 흥미진진해요. 우리 아들, 정말 멋지네! 아들과 합작으로 좋은 작품을 만들어도 되겠어요."

로운이는 아직 부족하다며 머리를 긁적였다.

"엄마, 유명한 웹툰은 드라마나 영화로 만들기도 해요. 엄마가 끝났다고 아쉬워했던 수목 드라마도 웹툰으로 먼저 인기를 끈 거래요."

루리가 말했다.

"어머, 그랬어. 그럼 우리 아들 웹툰을 드라마로 볼 기대를 걸어도 되겠네."

엄마의 얼굴에 환한 미소가 번졌다.

"엄마, 난 유튜버가 될 거예요. 그래서 아빠 책과 오빠 웹툰을 소개할 거예요."

"우리 아들, 딸 기특하네. 벌써 장래 꿈을 정하고. 엄마가 그 꿈 응원할게!"

엄마가 칭찬했다.

"로운아, 너는 어떤 웹툰을 좋아해?"

엄마는 로운이가 추천해 준 웹툰에서 눈을 떼지 못했다. 아빠가 배고프다며 서재에서 나올 때까지 계속 보고 있었다.

"로운아, 웹툰 작가들이 가명을 사용하는 경우가 많은데 넌 어떻게 할 거야?"

"전 제 이름으로 할 거예요. 이로운!"

엄마가 만족스런 표정을 지었다. 그리고 문득 생각이 난 듯 말했다.

"여보, 당신 동화를 웹툰으로 만들면 어때요? 동화와 웹툰으로 동시에 나오면 인지도가 높아져서 독자층을 빨리 확보할 수 있지 않을까요?"

"글쎄, 서로 읽는 맛이 다르겠지만 나중에 한번 생각해 봅시다. 부자의 콜라보(컬래버), 좋지!"

엄마는 기분 좋게 콧노래를 흥얼거리며 주방으로 갔다.

신조어는 언제부터 생겨났을까요?

신조어는 모든 시대에 다 존재했습니다. 하지만 가장 많이 등장하기 시작한 시기는 1980년대로 볼 수 있습니다. 당시 우리나라는 전두환 전 대통령이 독재 정권을 하던 시기였는데, 정치에 관한 신조어가 많았습니다. '땡전 뉴스(중앙 정부에서 관리하는, 통제되고 일방적인 뉴스를 비난조로 이르는 말)'가 가장 대표적인 신조어라고 할 수 있습니다.

이어 1990년대에는 소비 지향적인 신조어들이 유행했습니다. '오렌지족'이 가장 대표적인 신조어입니다. 여기에 PC 통신의 등장으로, 줄임말이 등장하게 되었습니다. 당시 실시간 채팅 창에 서로 대화를 주고받았는데 빠른 의사소통을 위해 줄임말과 초성 사용이 시작되었지요.

2000년대에는 온라인 게임이 유행하며 다양한 신조어가 등장했고, 2010년대에는 스마트폰의 등장과 함께 더 많은 신조어가 만들어졌습니다. 이렇게 신조어는 정보 통신의 발달과 함께 더욱 빠른 속도로 더 많이 만들어지고 있습니다.

세계는 지금 한국어 열풍

해마다 전 세계 언어 순위를 발표하는 에스놀로그(Ethnologue)에 따르면 2022년 현재 전 세계에서 사용하는 언어 수는 7,151개라고 합니다. 그중 42% 정도는 사라질 위기에 처해 있으며 1,000명 미만의 사람들이 사용하는 언어도 여럿입니다.
그렇다면 전 세계에서 가장 많은 사람이 사용하는 언어는 무엇일까요? 1위는 영어로, 영어를 모국어 또는 제2외국어로 사용하는 사람은 14억 명에 이릅니다. 2위는 중국어로 11억 명, 3위는 힌디어로 6억 명이 사용합니다. 모국어 외에 제2외국어로 한국어를 사용하는 사람은 약 8,000만 명 정도입니다. 그런데 정말 놀라운 것은 K-콘텐츠에 대한 관심이 높아지면서 지금 세계 곳곳에서는 한국어를 배우려는 열기가 해마다 늘어가고 있습니다. 그에 따라서 한국어를 가르치는 학교와 교육 기관도 늘어가고 있습니다.

★ 한국어능력시험(TOPIK) 응시자 증가율

★ 한국어를 가르치는 나라

교육부의 '해외 초·중등학교 한국어반 개설 현황'을 살펴보면 한국어를 수업하는 나라가 2016년 27개국 1,309개교에서 2024년 46개국 2,526개교로 계속 늘어나고 있습니다.

▲ 한국어반 개설 해외 초중등학교   출처: 교육부

★ 세계로 뻗어 나가는 세종학당

세종학당은 전 세계에 한국어 교육과 한국 문화 보급을 위해 앞장서는 문화체육관광부 산하 공공 기관입니다. 2017년에는 52개국 140개소에서 한글과 한국어를 알렸는데, 2024년 88개국 256개소로 계속 늘어나고 있습니다.

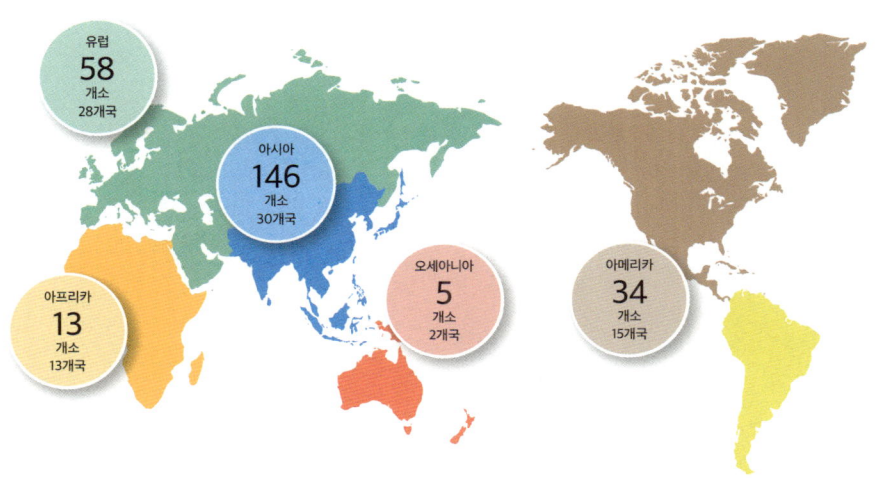

▲ 전 세계 세종학당 현황(2023년)   출처: 세종학당

토론왕 되기!

신조어로 한국어를 배워도 될까?

로운아, 해외에서 우리나라 영화, 드라마, 케이팝(K-pop)이 엄청난 관심을 받고 있는 건 알고 있지? 요즘 외국인을 위한 한국어 웹툰이 있다는데 알고 있니?

우아, 웹툰이면 외국인들이 한국어를 정말 재미있게 배울 수 있겠어요.

그렇겠지? 그중 하나는 우리나라 전래 동화 〈해님 달님〉을 웹툰으로 만들었는데, 너무 잘 만들었더구나.

저도 어릴 적에 좋아했던 전래 동화예요.

〈해님 달님〉 웹툰은 우리나라 전통과 풍경을 담아, 한국적 느낌을 잘 살렸단다. 많은 자료 조사와 연구를 한 게 그대로 느껴졌지.

저도 나중에 그런 웹툰을 만들고 싶어요.

 다만 외국인이 한국어를 좀 더 쉽게 접근하는 방법으로, 웹툰에 신조어가 너무 많이 나오더구나.

대신 한국어나 한국 문화가 가깝게 느껴지지 않을까요?

 글쎄. 신조어는 언제나 있었지만 의사소통에 문제가 생길 수가 있으니까 주의가 필요하지.

아빠, 걱정하지 마세요! 나중에 제 작품은 신조어 없이도 누구나 보고 싶어 하는 작품이 될 테니까요.

* 최근 케이팝(K-POP), 드라마, 한식 등 우리나라 문화 콘텐츠는 세계 여러 나라 사람들의 사랑을 받고 있습니다. 외국인에게 한국어를 좀 더 쉽게 배우기 위한 방법으로 웹툰에 신조어를 넣어 제작했다면, 한글을 파괴하는 일일까요? 친구들과 함께 이 주제로 토론해 봅시다.

낱말 만들기

보기를 보고, 비속어를 순화어*로 바꿔서 빈칸에 적어 보세요.

보기

비속어	순화어
레알	진짜

	비속어	순화어
1	뻥치다	
2	개이득	
3	쪽팔리다	
4	킹받네	
5	먹튀	

* 불순한 요소를 없애고 깨끗하고 바르게 다듬은 말.

정답

① 허풍을 치다, ② 엄청난 이득, ③ 창피하다, 체면을 구기다, ④ 열받네, ⑤ 먹고 도망가다

이 말이 무슨 말이야?

* 버스 카드 충전의 줄임말.

* 연재되는 글이나 만화, 드라마, 영화 등 시리즈물을 처음부터 끝까지 차례대로 보는 것.

* 강아지처럼 귀엽다는 뜻.

3장

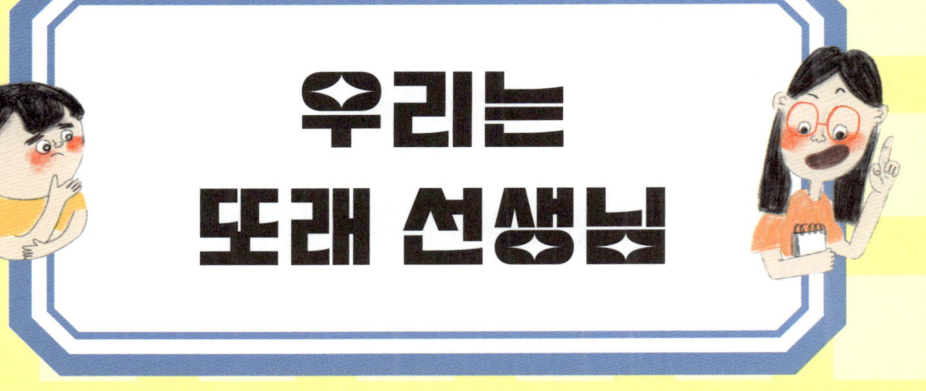

우리는 또래 선생님

⦿ 우리말이 서툰 마리

루리네 반에는 필리핀에서 온 마리라는 아이가 있다. 짓궂은 아이들은 우리말이 서툰 마리를 자주 놀렸다.

"엄마의 엄마를 뭐라고 해?"

"할머니."

"할머니의 할머니는?"

"할할머니?"

마리를 둘러싼 아이들이 큰 소리로 웃었다. 하준이는 마리 곁에서 실실 웃으면서 "할할머니래!" 하고 놀리기 시작했다. 그러자 주변에 있던 남자아이들 중 몇몇은 우우 소리를 지르기도 했다.

"저리들 가. 왜 여기 와서 이래."

마리의 짝꿍인 시윤이가 소리쳤다. 그러자 아이들이 이리저리 흩어졌다.

마리의 커다란 눈에 눈물이 가득 고였다. 마리는 작년까지 필리핀에 살다가 아빠의 나라인 한국에 왔다. 그래서 아직 한국어가 서툴렀다.

"저런 앨 왜 4학년에 데려온 거야, 1학년으로 가야지."

아이들이 대놓고 비아냥거렸다.

"도와주지는 못할망정 그걸 말이라고 하니?"

루리가 나섰다.

시윤이가 루리에게 손가락으로 작은 하트를 보냈다.

마리는 필리핀에서 한글학교를 다녔고 작년에 3학년으로 편입했다. 마리는 일주일에 두 번, 방과 후에 한국어 선생님에게 한국어를 배웠지만 수업을 잘 따라오지 못했다.

수업이 끝나고 루리가 시윤이와 마리 옆으로 갔다.

"시윤아, 우리가 한국어 선생님이 안 오시는 날 마리에게 한글을 가르쳐 주자. 엄마한테 한국어 자료를 얻어 올게."

"좋은 생각이야. 나도 그러고 싶었어. 마리가 이해 못하는 한국어는 내가 영어로 설명할게."

시윤이는 엄마가 영어 선생님이고, 어릴 때부터 영어를 익혀서 영어를 잘했다.

"마리야, 언제든 모르는 게 있으면 우리 둘에게 물어 봐. 알았지?"

이튿날부터 루리는 엄마가 준 한국어 자료로 마리에게 한글을 알려 줬다. 잘 못 알아듣는 낱말이나 문장은 시윤이가 영어로 말해 주었다. 이든이도 가끔 함께했다.

"오늘 배운 거 집에 가서 다 알 때까지 열 번 정도 써 봐, 숙제야."

"이든, 이든, 정이든. 알았어!"

마리는 농담도 하면서 재미있게 공부했다.

"내가 뭐 더 도와줄 건 없니?"

하루는 이든이가 물었다.

"넌 학교 끝나면 바로 학원에 가야 하잖아. 지금처럼 시간 될 때 같이 하면 돼."

루리가 말했다.

마리의 한글 실력은 나날이 늘어갔다.

"이번 토요일이 내 생일인데, 마리야 너도 와."

"고마워. 꼭 갈게."

며칠 뒤, 마리는 시윤이와 이든이에게 함께 생일 선물을 사러 가자고 했다.

그날 오후, 세 아이는 시내로 나갔다. 마리는 간판 이름을 하나하나

꼼꼼히 읽었다.

"얘들아, 저 간판들 봐 봐. 한국이 아니라 다른 나라에 온 것 같아."

"그러네. 저기 마리도 있어. 마리 주얼리?"

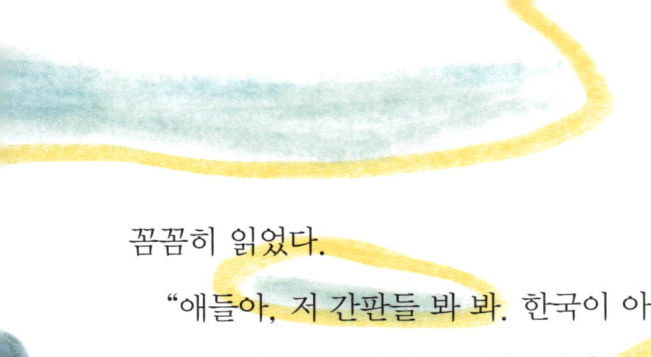

이든이가 웃으며 마리를 돌아봤다.

"아빠가 내 이름 마리는 순우리말이라고 했어. 으뜸이 되는 사람."

마리가 엄지손가락을 세워 보였다.

"그래? 난 영어 이름인 줄 알았어."

이든이는 놀랍다는 듯이 말했다.

"예쁜 한글 이름을 지어 주셨네. 최고!"

시윤이가 엄지손가락을 세우며 이어 말했다.

"마리 주얼리의 '마리'는 액세서리 가게 이름이야. 요즘 가게 이름은 우리말보다 외국어가 더 많은 것 같아."

세 아이는 서로 마주보며 안타까워했다.

"외국어 간판이나 외래어 간판이 너무 많아."

이든이가 얼굴을 찡그렸다. 자세히 들여다보고 생각하지 않으면 어떤 간판은 어느 나라 말인지, 무슨 뜻인지조차 알 수 없었다.

시윤이가 말했다.

"외국 이름 간판을 걸면 더 돋보이고 멋져 보이나? 우리 아빠한테 들었는데 프랑스에서는 자국어로 간판을 달게 한대. 우리나라도 그랬으면 좋겠어."

아이들은 일부러 한글 이름으로 된 가게를 찾았다.

"저기!"

마리가 웃으면서 한곳을 가리켰다. '으뜸 문구점'이었다.

세 아이는 문구점 안으로 들어갔다. 그러나 문구점 물건도 외국어로 된 것이 많았다.

셋은 문구점 물건을 찬찬히 살펴보았다. 그때 마리가 기쁜 듯이 소리쳤다.

"이거 어때?"

"오, 괜찮은데! 루리 다이어리 꾸미기 좋아하잖아."

이든이가 말했다.

"그럼, 이걸로 사자."

시윤이가 빙긋 웃으며 말했다.

"루리가 기뻐하면 좋겠어."

마리의 말에 이든이가 말했다.

"분명 좋아할 거야!"

집으로 돌아오는 길에 이든이가 목소리에 힘을 주어 말했다.

"내 꿈은 아빠처럼 사업을 하는 거야. 어린이용품을 만들 건데 내가 만든 물건은 다 순우리말로 지을 거야."

"오! 멋지다!"

"대단하다!"

시윤이와 마리는 이든이를 응원했다.

다음 날 방과 후에 루리는 세 친구와 함께 도란도란 이야기를 나누며 루리네 집으로 향했다. 넷이 건물 모퉁이를 돌 때였다. 갑자기 세 명의 남자아이가 마리 앞을 가로막았다. 학교에서 자주 마리를 괴롭히는 애들이었다.

"어이, 거무튀튀한 두루마리!"

마리가 움찔하며 루리 옆으로 바짝 붙었다. 루리는 얼른 휴대 전화를 꺼내 손에 쥐었다.

"우, 우리는 루리 생일에 가야 해."

마리가 더듬거리며 말했다.

"안궁(안 궁금하다), 안물(안 물어보았다)."

"넌 이루리 꼬붕(부하)이니? 왜 졸졸 얘만 따라다녀."
"이마리, 아까 교실에서 보니까 뭐 먹을 게 있던데 우리도 줘라."
민호가 마리의 가방을 휙 잡아당겼다.
"아, 안 돼!"
마리는 재빨리 몸을 돌렸다.
"왜들 이래?"
이든이가 마리 앞을 막아섰다. 그러자 민호는 마리 가방을 내려놓고 이든이를 세게 밀쳤다. 이든이가 비틀거리며 땅바닥에 쓰러졌다. 깜짝 놀란 시윤이가 비명을 지르며 이든이를 일으켜 세웠다. 마리는 겁에 질린 얼굴로 주위를 두리번거렸다.

"생파(생일 파티)에 우리도 같이 가자."

"그래, 월거지(월세 사는 거지)보다 우리가 낫지."

남자아이들이 빈정거렸다.

마리의 표정이 어두워지자 시윤이가 마리의 어깨를 감쌌다. 루리가 남자아이들을 쏘아보며 말했다.

"뭐라고, 나쁜 녀석들. 어서 비켜!"

"어쭈구리(비아냥거리는 뜻의 비표준어), 안 비키면 어쩔래?"

"월거지를 월거지라고 한 게 뭐가 나빠."

남자아이들이 건들거리며 다가왔다.

루리는 휴대 전화를 들어 올리며 외쳤다.

"이든아, 빨랑 117로 전화해. 시윤이랑 마리는 큰길로 나가서 사람들 불러오고. 너희들은 여기 가만히 있어!"

루리가 휴대 전화로 동영상이 찍히는 것을 보여 줬다.

그러자 남자아이들이 슬금슬금 뒷걸음질쳤다.

"에이 씨, 킹받네(열받네). 이루리 다음에 가만 안 둬!"

"다음에 볼 일 없어. 당장 신고할 거니까."

남자아이들이 잰걸음으로 도망치며 말했다.

"아냐, 그냥 장난한 거야."

남자아이들이 줄행랑치자 마리가 루리의 손을 꼭 잡았다.

"우리 루리, 최고!"

루리가 웃으며 말했다.

"이럴 땐 동영상이 최고야."

"나 정말 무서웠어."

마리는 여전히 겁이 나는지 루리 옆에 꼭 붙어 걸었다.

"여자애가 겁이 없기는. 117은 무슨 번호야?"

루리 뒤를 따라오며 이든이가 머쓱한 얼굴로 물었다.

"학교폭력 신고센터!"

"역시 우리 루리야!"

아이들이 잘했다며 박수를 쳤다.

루리네 집에 도착하자 아이들은 루리 엄마에게 인사를 했다.

"어서들 와라. 네가 마리구나. 이야기 많이 들었단다."

아이들은 루리 엄마가 음식을 차리는 동안 루리 방으로 들어갔다. 루리의 어릴 때 사진을 보고 마리가 말했다.

"어머, 정말 커엽다(귀엽다)."

시윤이가 마리의 팔을 툭 쳤다.

"아니, 정말 귀엽다. 아기 루리!"

마리가 멋쩍어하며 다시 말했다.

그리고 가방에서 필리핀 과자를 꺼냈다.

"고마워. 이 과자 엄청 맛있어. 밥 먹은 후에 이 과자 먹자."

"다들 밖으로 나오렴."

루리 엄마의 말에 넷은 거실로 나갔다.

마리는 식탁에 차려진 음식을 보고 깜짝 놀랐다.

"한국 음식 이렇게 많이 있는 건 처음이야."

마리는 이것저것 골고루 맛을 보고 빙그레 웃었다.

"정말 맛있어요!"

마리의 말에 루리 엄마는 싱긋 웃으며 말했다.

"입에 맞다니 다행이네. 마리야, 앞으로 자주 놀러 와."

"네."

마리의 대답에 모두 환하게 웃었다.

바르고 고운 우리말 사용하기

세종 대왕은 1443년에 훈민정음(한글)을 만들었습니다. 말과 글은 그 민족의 정신이자 생명입니다. 그런데 최근에는 외래어와 온라인상의 대화가 발달하면서 한글이 파괴되어 원활한 의사소통이 어려워지고 있지요. 크게 축약형(줄임말), 합성형, 외래어형, 오타형으로 나눌 수 있습니다.

축약형
긴 단어나 문장을 짧게 줄여 써요.
예) 비번(비밀번호)

합성형
두 개의 말을 합쳐 새로운 의미의 단어를 만들어요.
예) 호갱님(호구와 고객의 합성어)

외래어형
영어, 일어 등을 한글 발음으로 표기해요.
예) 아오안('아웃 오브 안중'이란 말로 영어와 우리말의 합성어)

오타형
의도적으로 오타를 만들어 재미있는 단어를 만들어요.
예) 오나전(완전을 뜻하는 말)

⊙ 우리말 바로 쓰기

그다음 주 학급 회의 시간, '바르고 고운 우리말 바로 쓰기'가 주제로 나왔다.

"점점 언어폭력이 심해져서 심각한 문제가 되고 있어요. 바르고 고운 우리말을 지키고 실천하려면 어떻게 해야 할지 각자 좋은 의견들을 발표해요."

선생님이 교실을 나가자 회장이 루리에게 물었다.

"이루리, 마리에게 한글을 가르치며 뭘 느꼈어?"

"마리랑 같이 공부하며 바른 말을 사용하다 보니 우리말에 대한 자부심이 생기고 뿌듯해. 그리고 자발적으로 신조어나 거친 말을 줄이고 좋은 우리말을 사용하게 되었어."

시윤이가 말했다.

"매년 한글날이 되면 신조어, 줄임말, 외래어, 외국어 간판 조사 등을 조사하고 발표만 할 뿐이지 제대로 실천은 못하잖아. 그게 문제인 것 같아."

다인이가 손을 들었다.

"나도 좋은 우리말을 지키자는 것에는 찬성이야. 그렇지만 시대가 변하니까 그 시대에 맞는 새로운 말이 생기는 것은 당연하다고 생각해. 지금의 우리에게 맞게, 재밌고 신나는 말을 만들어서 공유하는 것이 나쁜 건 아니잖아."

아이들이 웅성거리며 맞는 말이라고 했다.

이든이가 손을 들고 자기 의견을 말했다.

"그런데 그렇게 만들어진 말들을 얼마 안 되는 사람들이나 특정한 사람들 사이에서만 공유한다면 오히려 사람들 사이에 벽을 만드는 것이 아닐까. 우리가 사용하는 말을 어른들은 이해하지 못하잖아. 그리고 그 말들이 좋은 뜻으로 들리지 않는 것도 많고, 때로는 발음도 이상하고 예의도 없어 보여."

재윤이가 이든이의 말에 반박했다.

"우리끼리의 은어를 굳이 어른들이 알아들을 필요는 없다고 봐. 어른들 사이에도 우리가 알지 못하는 은어들이 많잖아. 어른들은 그런 말들

을 사용하면서 왜 우리는 못 하게 하는 거야. 새로운 말이나 줄인 말들은 귀에 쏙쏙 들어와. 어떤 말을 하든지 우리끼리 잘 통하고 즐거우면 되는 거 아냐, 말하는 것은 자유야."

마리가 주뼛거리다가 말했다.

"난 아직 우리말을 잘하지 못하지만, 요즘 만든 말을 들으면 한국말 같지 않아. 좋은 우리말도 많은데 왜 저런 말을 하나 싶어. 만든 말이나 줄인 말이 재미는 있지만 가끔은 싸우는 말처럼 들려. 그런데도 그런 말을 못하면 아이들이 바보라며 무시해."

시윤이가 말했다.

"말도 유행인 것 같아. 그런데 유행은 지나가잖아. 지나갈 말을 굳이 따라 할 필요는 없지 않을까. 유행을 잘 따라야 멋있는 것 같아 보일지도 모르지만 기왕이면 바르고 고운 우리말을 우리가 발전시키고 널리 알려야지."

루리가 시윤이의 말을 거들었다.

"새로운 말을 만들더라도 순우리말을 활용하거나 듣기 좋은 말을 만들면 좋겠어. 욕처럼 들리는 거센말이나 무슨 뜻인지 잘 모르는 말, 재미만을 위한 말을 만들어 한글을 안 좋게 변화시키지 않았으면 해."

루리 생일에 시비를 걸었던 민호가 아니꼽다는 표정으로 루리를 흘겨보았다.

"너네끼리나 잘 지켜. 우린 재밌게 말하며 살 거니까."

"신조어도 우리말로 만든 거니까 신경 꺼. 복세편살(복잡한 세상 편하게 살기)!"

"오놀아놈(오 놀 줄 아는 놈인가)!"

"각자 알잘딱깔센(알아서, 잘, 딱, 깔끔하고, 센스 있게)!"

아이들은 와르르 웃었다.

친구에게 언어폭력을 하지 마세요

학교폭력 못지않게 언어폭력도 중요합니다. 언어폭력이란 다른 사람을 욕거나 위협하거나 겁을 주거나 욕설을 하거나 비하하는 말을 해서 마음에 상처를 주는 것입니다. 아이들은 학교생활을 하면서 친구 사이니까, 장난이나 농담이라는 핑계 속에 언어폭력을 서슴지 않습니다. 그런데 아이들 사이에서도 보이지 않는 서열이 존재해서, 언어폭력을 당하고도 화내지 못하는 아이들이 있습니다.

함께 생활하면서 누군가 마음에 상처를 입고 억울해하거나 슬픔을 견디지 못한다면 평등하고 바람직한 친구 관계라고할 수 없을 것입니다. 그러니 내가 말하는 것이 혹시나 언어폭력이 아닌지 먼저 잘 생각해 보고 말해야 할 것입니다.

3장 • 우리는 또래 선생님

⊙ 우당탕탕! 바른 말 배우기 작전

마리에게 한글을 가르치면서 루리와 세 친구는 늘 붙어다녔다. 하굣길, 넷은 학급 회의 시간 때 의견이 반반으로 갈린 채 끝난 것이 아쉬웠다.

이든이가 말했다.

"나도 신조어를 썼지만 애들이 신조어 쓰는 걸 좋아해서 놀랐어."

"나도."

루리가 맞장구를 쳤다. 시윤이도 거들었다.

"그러게 말이야. 신조어를 쓰면 특별하다고 느끼는 것 같아."

마리가 큰 소리로 말했다.

"어쩔 수 없지, 뭐. 우리가 솔선수범하며 보여 줄 수밖에 없어. 기분도 풀 겸 내가 오늘 떡볶이 살게."

이든이가 말했다.

넷은 학교 앞 떡볶이 가게로 들어갔다. 벽에 붙인 차림표를 보고 루리가 말했다.

"어, 저기 떡볶기라고 잘못 쓰였네."

이든이가 말했다.

"어느 집은 떡복이라고 적은 데도 있어. 저기 오뎅도 어묵이라고 해야 하잖아. 우리, 떡볶이 나올 동안 식당에서 음식 이름 잘못 적은 거 생각나는 대로 말해 볼까?"

시윤이의 말에 이든이가 말했다.

"나부터 할게. 설렁탕인데 설롱탕이나 설농탕. 육개장인데 육게장."

이어 루리가 말했다.

"김치찌개인데 김치찌게. 된장찌개인데 된장찌게."

시윤이가 말했다.

"오징어덮밥인데 오징어덥밥. 주꾸미볶음인데 쭈꾸미복음. 닭볶음탕을 닭복

금탕으로. 배추겉절이도 배추겄절이로. 오이소박이를 오이소배기. 차돌박이를 차돌배기로."

줄줄이 말하는 아이들 뒤로 마리가 조심스레 말했다.

"울 아빠가 잘 드시는 순댓국이 순대국으로. 이건 내가 찾아봤어."

"잘했어, 강마리!"

아이들이 흐뭇하게 마리를 바라봤다.

그날 저녁, 루리는 엄마와 함께 텔레비전을 시청했다. 텔레비전에 출연한 외국인들이 한국 사람보다도 더 한국적인 표현으로 정확히 말하고 비속어, 은어, 신조어 등의 문제점을 토론하는 것을 본 엄마가 말했다.

"저 사람들을 보니까 내가 정말 한국인인지 창피하네. 이번 학부모 회의 때 우리말을 바로 쓰고 알리기를 어른부터 실천하자고 해

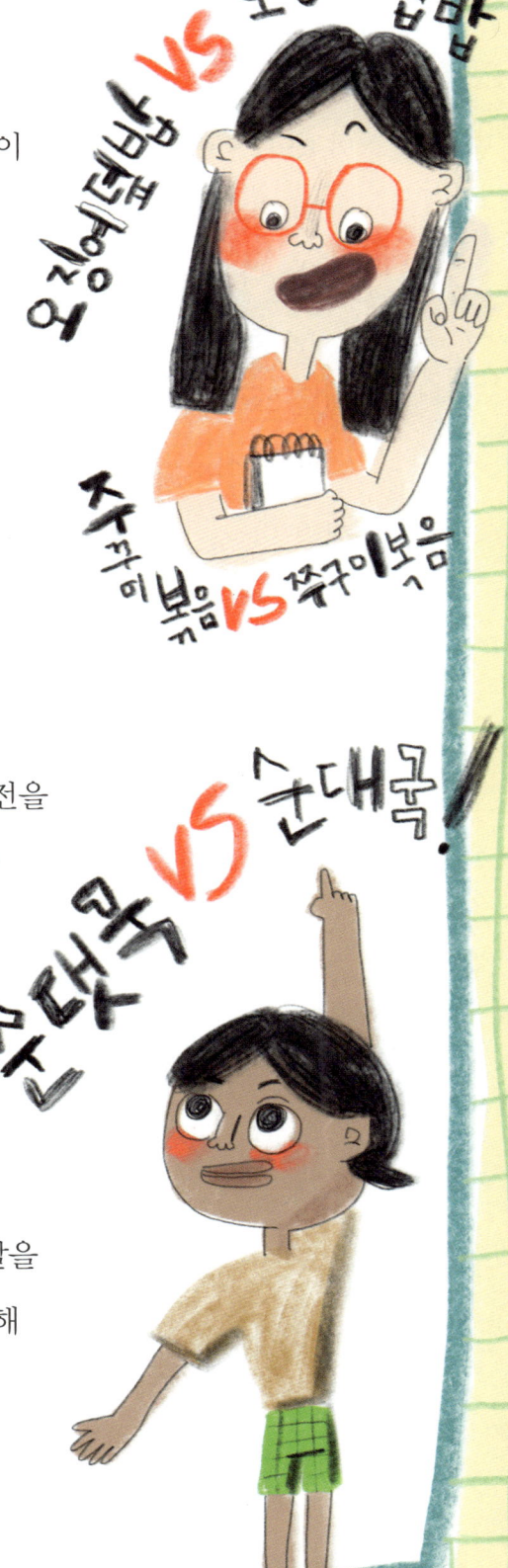

야겠어. 어른들이 먼저 아이들의 모범이 되어야지."

함께 보던 아빠도 무분별하게 줄여 쓴 말이나 신조어의 남발이 매우 심각하다고 말했다.

"소중한 한글이 점점 파괴되어 가는 것을 보고만 있을 수는 없지. 바르고 좋은 글을 써서, 독자 스스로 아름다운 우리글과 말을 자랑스럽게 여길 수 있도록 더 노력해야겠어. 너희들도 각자 나름대로 방법을 생각해 봐."

"엄마, 아빠! 제가 제페토 율리아 방에 '우리말 좋은 방'을 열어 보려고 해요. 오늘 학급 회의 때도 왜 바른 말을 써야 하는지 애들이 잘 모르더라고요. 저는 마리와 공부하면서 우리말을 제대로 쓰는 것이 정말 중요하다는 것을 느꼈거든요."

"좋은 생각이야. 새로운 한글 지킴이 탄생!"

엄마와 아빠가 응원했다.

루리는 제페토 크루에 '우리말 좋은 방'을 개설했다.

우리가 맞춤법을 지켜야 하는 이유

아무리 글을 잘 써도 맞춤법에 맞지 않는 문장은 좋은 평가를 받기 어렵습니다. 하지만 우리는 알면서도 맞춤법에 맞게 글을 쓰는 걸 귀찮아합니다. 맞춤법이 틀려도 상대방이 내 글을 이해했다면 문제없다고 생각하기도 하지요.

하지만 우리는 소통의 시대에 살고 있습니다. 말과 글을 올바르게 전하지 않으면 의사소통이 되지 않습니다. 예를 들어, '같이'를 소리 나는 대로만 적으면 '가치'와 구별할 수 없는 것처럼 발음은 같아도 표기가 다른 단어들이 있습니다. 두 단어는 소리는 같지만 의미가 전혀 다르지요. 맞춤법에 맞지 않는 문장을 쓴다면 해석이 달라지겠지요?

또한 맞춤법을 잘 지킨 글은 최소한의 신뢰가 보장됩니다. 약속을 잘 지키는 사람을 신뢰할 수 있듯이, 맞춤법을 잘 지키는 사람의 글은 신뢰할 수 있습니다. 맞춤법은 사회적 약속이니까요. 지금부터 맞춤법에 맞는 말과 글을 쓰도록 노력해 보세요.

욕설이나 비속어는 왜 사용할까?

★ 우리가 욕설 및 비속어를 대하는 자세

요즘 초등학생들은 신조어 사용 못지않게 욕설이나 비속어도 많이 사용합니다. 국립국어원에서 진행한 '2020년 국민의 언어 의식 조사' 결과에 따르면, 우리나라 국민 10명 중 5명은 일상생활에서 욕설이나 비속어를 사용한다고 생각하는 것으로 조사되었습니다. 이 조사는 5년마다 일반 국민의 언어 사용 행태와 국어에 대한 관심을 알아보기 위해 2005년부터 실시되고 있습니다.

국립국어원은 온라인 소통이 일상화된 상황에서 욕설과 비속어가 쉽게 전파되고, 일상적으로 이런 말들을 접하게 되면서 문제의식 없이 습관적으로 욕설과 비속어를 사용하는 사람이 늘고 있는 것으로 보고 있습니다.

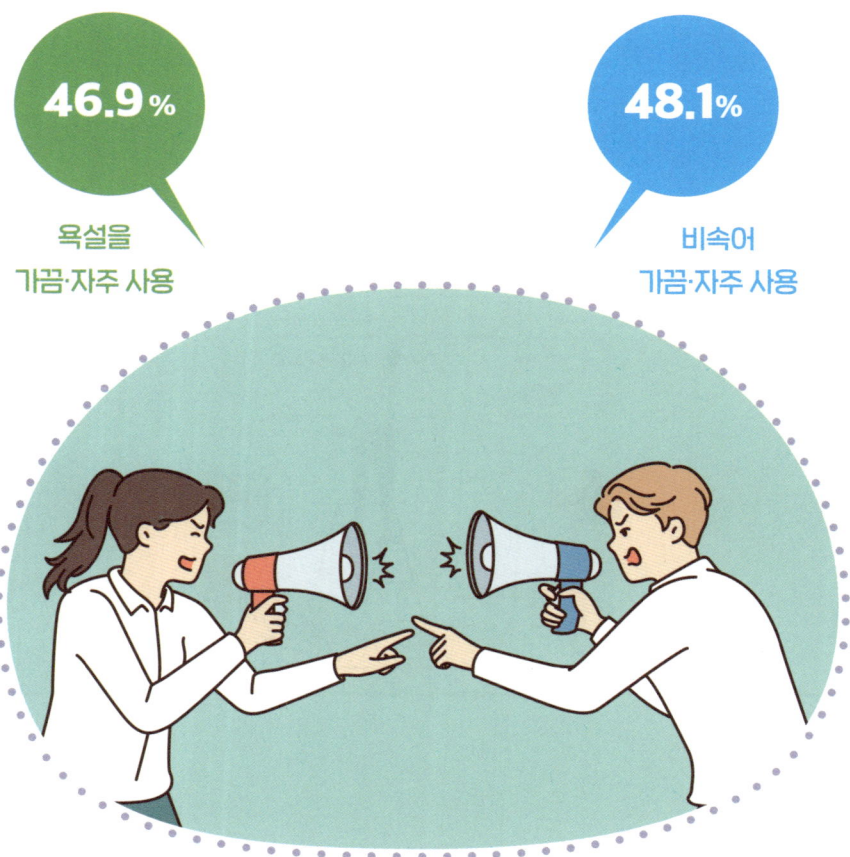

46.9% 욕설을 가끔·자주 사용

48.1% 비속어 가끔·자주 사용

★ 우리가 욕설이나 비속어를 사용하는 이유

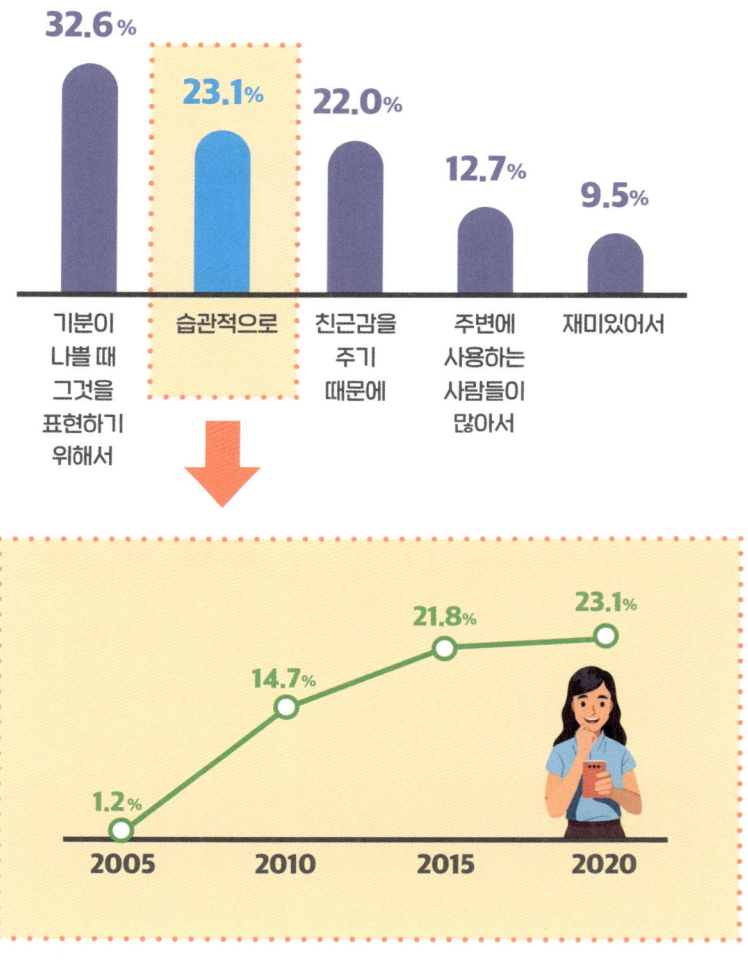

출처: 국립국어원, '2020년 국민의 언어 의식 조사(2020년)', 대상 만 20~69세 성인남녀(5,000명)

10대는 화가 나거나 짜증 날 때 비속어를 사용하는 경우가 제일 많았습니다. 자신의 감정을 표출할 때 사용하는 거지요. 감정 표현을 제외하고는 친구들과 장난으로, 습관처럼 사용한다는 답변이 있었습니다. 그런데 평소 비속어를 많이 사용하면 상대에게 불쾌감을 줄 수 있습니다. 그러니까 비속어보다는 바르고 고운 말을 쓰는 게 좋습니다.

 **토론왕 되기!**

헷갈리는 맞춤법 꼭 지켜야 하나요?

강아지 보리를 찾습니다.

저녁에 산책을 나갔다가 잊어버렸습니다.
보리는 세상에서 제일 귀엽고, 사랑스럽습니다.
갈색 털과 하얀색 털이 섞여 있습니다.
등에 검은색 점이 있습니다.
사람을 보면 잘 다릅니다.
보리를 보신 분은 전화해 주세요.

전화 02-1234-5678

 루리야, 저기서 맞춤법이 틀린 글자를 찾아볼래?

틀린 글자가 없는 것 같은데…….

 천천히 잘 찾아보렴.

알쏭달쏭 신조어와 우리말 바로 쓰기

아, 찾았다! '저녘'은 '저녁'이고, '커엽고'는 '귀엽고'인 것 같아요. 맞춤법 찾기가 쉽지 않네요.

잘 찾았는걸. 그런데 아직 맞춤법이 틀린 글자가 두 개 더 있단다.

뭐지? 엄마, 아무리 봐도 모르겠어요. 가르쳐 주세요.

'잊어버렸습니다'는 '잃어버렸습니다'이고, '다릅니다'는 '따릅니다'란다.

아하! 엄마가 말하니까 알 것 같아요. 근데 맞춤법 꼭 지켜야 해요? 맞춤법을 안 지켜도 대화만 잘 통화면 되는 거 아니에요?

맞춤법을 제대로 쓰지 않으면 내가 쓴 글이 상대에게 제대로 전달되지 않을 수 있으니까. 맞춤법은 모두가 함께 지키자고 약속한 규칙이란다.

* 맞춤법은 글을 쓸 때 지켜야 하는 규칙입니다. 만일 사람마다 글을 쓰는 규칙이 다르다면 다른 사람이 쓴 글을 이해하기 어렵겠지요? 그래서 우리는 맞춤법이라는 통일된 규칙을 만들고, 서로 지키는 것입니다. 여러분은 맞춤법을 잘 지키고 있나요?

틀리기 쉬운 우리말

아래 문장을 잘 읽고, 알맞은 단어에 O표를 하세요.

❶ 선생님, 내일 (뵈요, 봬요)!

❷ 앞에 가는 사람의 (거름, 걸음)이 빠르네.

❸ (오랜만에, 오랫만에) 학교에 왔더니 너무 즐거워.

❹ 저 산 (너머, 넘어)에 외갓집이 있다.

❺ 이번 여행은 (며칠, 몇 일) 동안 가는 거야?

❻ 동생이랑 다투면 (안 되, 안 돼).

❼ 동생은 (욕심쟁이, 욕심장이)다.

정답: ① 봬요 ② 걸음 ③ 오랜만에 ④ 너머 ⑤ 며칠 ⑥ 안 돼 ⑦ 욕심쟁이

일상의 지배자, 휴대 전화

⊙ 휴대 전화가 없다면?

"휴대 전화로 못하는 게 뭘까?"

루리가 로운이에게 물었다.

"안 되는 게 거의 없지 않아? 뉴스나 정보를 빠르게 검색할 수 있고 쇼핑도 하고 좋아하는 게임도 할 수 있지. 휴대 전화는 만능이야."

로운이의 말에 루리가 고개를 까닥거렸다.

"맞아, 지난달에 엄마도 휴대 전화로 수업하고, 아빠도 줌(zoom)으로 출판사 사람들과 회의했어."

"휴대 전화로 모든 걸 할 수 있는 건 좋은 일인데, 개인 정보가 빠져나가는 건 잘 지켜야 해. 보이스 피싱이란 말 알지?"

"응, 전에 어떤 애 할머니가 보이스 피싱으로 큰돈을 사기당했대.

그런 일이 워낙 많아서 예방 교육도 받았어."

루리가 말했다.

"루리야, 혹시라도 누군가가 휴대 전화로 전화해서 우리 가족 중의 한 명을 안다며 급한 일이니 빨리 어디로 오라든지, 무슨 일이 생겼다고 하면 먼저 가족에게 확인해야 해. 알았지? 그냥 달려가면 절대로 안 돼."

로운이가 거듭 강조했다.

엄마가 아빠와 한자리에 앉으며 이야기를 꺼냈다.

"아무리 여러 번 말해도 가족 중 누군가가 갑자기 교통사고가 났으니 빨리 오라고 하면 당황한 나머지 시키는 대로 하기 쉽지. 그러니 늘 조심하고 전화로 꼭 확인부터 해야 해."

루리가 고개를 끄덕였다.

"아빠, 개인 정보 유출은 모르는 누군가한테 내 이름이나, 생일, 전화번호가 알려지는 거예요?"

"그래, 거기에 아이디와 비밀번호, 주소, 계좌 번호, 개인 취미 활동 등 어떤 사람에 대해 다 알아내는 정보야. 그러니까 비밀번호도 자주 바꾸고 함부로 아무 사진이나 올리면 안 돼."

"우리 반 지수는 3박 4일로 강원도로 가족 여행을 가서 신나게 놀고, 이모가 거기서 찍은 가족 사진을 인별그램에 올렸대요. 그런데 그 집이 빈집인 걸 알고 도둑이 들어가 물건들을 훔쳐 갔대요."

로운이가 아빠에게 물었다.

"아빠. 그런 걸 막는 법은 없어요?"

"개인 정보 보호법이 있지만 그래도 다 막을 순 없으니 각자 조심해야 해."

아빠가 루리와 로운이에게 강조하며 말했다.

며칠 뒤 저녁 식사를 마치고 아빠가 가족 앞에 복사한 종이를 내밀었다.

"어머, 이거 언제 온 메일이에요?"

종이를 받아 든 엄마가 기뻐하며 큰 소리로 읽었다.

"받은 지 좀 됐어. 잘 생각해 보라고 했는데 이제는 답을 줘야 할 것 같아. 만화 영화 일도 한꺼번에 해결이 될 듯해."

사흘 후 아빠는 직접 쓴 계약서를 들고 들어왔다. 엄마가 계약서를 자세히 들여다봤다.

"뽀리또리 캐릭터를 인형뿐 아니라 열쇠고리, 저금통, 손목시계, 노트와 연필 같은 필기도구, 가방 등 여러 상품으로 만들어 출시하겠대. 더구나 만화 영화 제작까지 한다는구나."

"우리 뽀리또리 만세! 난 학용품이 나오면 전부 다 뽀리또리가 그려

진 제품으로 할 거야! 만화 영화도 개봉 첫날 달려가서 볼 거야. 야, 신난다. 얼른 나와라!"

　가족 모두 아빠의 계약을 축하하며 즐거운 시간을 가졌다.

◉ 단톡방에서 사라진 친구들

다음 날 오후, 루리가 학교에서 집으로 돌아왔다.

"엄마, 엄마! 학교 다녀왔습니다."

루리는 종달새처럼 종알종알 떠들며 거실 소파에 앉았다. 그리고 연이어 울리는 휴대 전화를 들여다봤다.

"어, 어!"

문자에 답을 쓰던 루리의 얼굴이 점점 굳어졌다.

"어떡해, 어떡해!"

루리는 휴대 전화를 들고 어쩔 줄 몰라 했다.

"왜 그래 루리야, 무슨 일이야?"

"엄마!"

루리는 휴대 전화를 내밀며 눈물을 글썽거렸다.

"엄마, 오늘 단톡방에서 나 빼고 다 나갔어요."

루리가 울음을 터뜨렸다.

"그게 무슨 말이니?"

엄마가 황급히 루리의 휴대 전화를 받았다.

여섯 명이 함께했던 단톡방에 루리만 남겨 놓은 채 다른 아이들이 모두 나가기를 한 상태였다.

"무슨 일이 있었니?"

엄마가 루리를 달래며 물었다.

루리는 울먹이며 대답했다.

"내가 오늘 우리 반 애들에게 뽀리또리 자랑을 했거든요. 이제 내 물건들은 뽀리또리 캐릭터로 가득할 거고 너희들도 곧 우리 아빠의 뽀리또리 상품들을 사게 될 거라고요. 교단 앞에 나가서 애들 다 듣게 큰 소리로 말했어요. 그랬는데 몇몇 아이들이 나를 단톡방에 초대해서 잔뜩 놀리더니 나가 버렸어요. 엄마, 나 이제 어떡해요?"

루리는 어깨를 들먹이며 울었다. 엄마가 루리의 등을 토닥토닥 두드렸다.

"아빠가 계약하자마자 바로 자랑한 걸 보니 많이 기뻤구나."

엄마는 루리의 마음이 가라앉을 때까지 토닥거렸다.

그때 학교에서 돌아온 로운이가 눈이 퉁퉁 부은 루리를 보고 깜짝 놀라서 물었다.

"왜 그래? 무슨 일이야?"

루리가 훌쩍거리며 방금 전에 있었던 일을 말했다.

"애들이 시샘을 부린 거야. 그러니까 지나친 자랑은 금물! 난 뽀리또리 상품이 나올 때까지 아무 말 하지 않을 거야."

"그럼 난 어떡해?"

루리가 울상인 채 말했다.

"시윤이한테 연락해 봤어?"

로운이가 물었다.

"아니, 아직. 그런데 여섯 명 중에 시윤이도 있어."

"시윤이에게 먼저 연락해 봐."

루리는 울먹거리며 시윤이에게 전화했다. 하지만 시윤이는 전화를 받지 않았다. 걱정되는 마음이 커진 루리는 눈물이 났다. 그 모습을 본 엄마가 루리를 다독이며 말했다.

"내일 직접 만나서 사과하고 오늘은 친구들 한 명 한 명에게 솔직한 네 마음을 전해 봐."

루리는 훌쩍거리며 아이들에게 문자를 보냈다.

정말 미안해. 내가 너무 흥분해서 지나치게 자랑을 많이 했어. 오랫동안 기대했던 아빠 일이라 좋아서 그런 거니까 이해해 줘. 다시는 이렇게 자랑하지 않을게. 그리고 뿌리또리 상품이 나오면 너한테 필요한 물건으로 아빠 사인 받아서 선물하고, 만화 영화 표도 구할 테니까 같이 구경 가자. 다시 한번 사과할게. 미안해.

이튿날 아침, 루리는 해쓱한 얼굴로 일어났다. 그 모습을 본 로운이가 슬며시 물었다.

"답장은?"

"시윤이랑 또 한 명."

루리가 시무룩하게 대답했다.

엄마가 루리의 어깨를 감싸며 말했다.

"만나서 잘 말하면 괜찮을 거야."

"우리 루리, 파이팅!"

아빠도 손가락으로 브이(V) 자를 만들었다.

학교에 간 루리는 풀죽은 모습으로 자리에 앉았다. 몇몇 아이들이 냉랭한 눈길로 루리를 바라봤다. 시윤이도 서먹서먹한 표정이었다. 마리가 루리 곁에 와서 작은 목소리로 "괜찮아?"라고 물었다. 이든이는 가

만히 루리의 등을 토닥였다.

　루리는 크게 심호흡을 하고 시윤이 자리로 갔다. 그런데 시윤이 얼굴을 보자마자 눈물이 주르륵 흘렀다. 시윤이가 당황한 표정으로 일어서며 복도로 나가자고 했다.

　"울지 마, 어젠 얄미울 정도로 네가 너무 자랑했어."

　"미안해. 내가 너무 들떴나 봐."

　시윤이가 루리의 손을 잡았다.

"우리 반에는 아빠가 안 계신 애도 있고, 아빠가 돈을 잘 못 버는 애들도 있잖아. 그런데 넌 최고로 능력 있는 아빠, 돈 많이 버는 아빠로 자랑을 하니까 애들한테 반감을 산 거야. 나라도 너를 이해해야 했는데 미안해."

시윤이는 루리와 함께 교단 앞으로 갔다. 루리는 용기를 내서 공개적으로 사과했다.

그날 학교에서 돌아온 루리의 얼굴이 다시 밝아졌다. 엄마는 말없이 루리의 등을 쓰다듬었다.

학교에서 돌아온 로운이가 물었다.

"어땠어?"

"대부분 아이들이 이해해 주겠대. 앞으로 정말 조심해야겠어."

로운이가 말했다.

"인터넷으로 악성 댓글이나 상대를 무시하는 태도들이 얼마나 그 사람에게 상처를 주는지 당해 보지 않은 사람은 모를 거야. 그러니 조심해야 해."

루리가 고개를 끄덕였다.

"실은 나도 그런 적 있어. 마리랑 친해지기 전의 일이야. 마리가 말도 어눌하고 받침 글자도 제대로 못 썼어. 행동도 너무 느려서 체육 시간에 애들이 걔하고 한 팀이 되는 걸 싫어했어. 별명이 마리 늘보였어.

그때는 마리가 싫었어. 우리 반이 아니었으면 좋겠다고도 했어. 걔가 그 사실을 알면 나처럼 속상하고 슬프겠지?"

"당연하지. 뒤에서 다른 사람 험담하는 건 안 좋은 거니까."

"알았어, 사과할게."

말에는 힘이 있어요

말의 힘이 궁금했던 어떤 사람이 하나의 실험을 했습니다. 두 개의 양파를 각각의 병에 꽂은 뒤 조건이 같은 환경에 두고, 매일 물을 줍니다. 이때 한쪽 양파에게는 "사랑해!", "고마워!"와 같은 긍정적인 말을 들려주고, 다른 한쪽에는 "미워!", "싫어!" 같은 부정적인 말을 들려줬습니다. 그러자 좋은 말을 들은 양파는 잎이 힘차게 뻗어 자랐지만 나쁜 말을 들은 양파는 힘이 없고 성장 속도가 느렸습니다. 왜 이런 결과가 나왔을까요?

우리 눈에는 보이지 않지만 말에도 힘이 있답니다. 식물은 사람이 내뱉는 말소리의 파장에 영향을 받아 각각 다르게 반응한 것이라고 볼 수 있습니다.

토론왕 되기!

왜 줄임말을 쓰면 안 되나요?

엄마, 저도 댕댕이 갖고 싶어요.

뭐? 그게 뭐니? 새로 나온 장난감이니?

그건 아니고요. 라온이네 집에 갔더니 댕댕이가 있는데, 너무 귀여웠어요. 저를 엄청 잘 따르더라고요.

댕댕이가 귀여웠다고? 도대체 뭔데 그러니?

이번 생파에 댕댕이 선물로 줘요.

생파? 무슨 외계어도 아니고 무슨 말인지 하나도 못 알아듣겠구나. 설명 좀 제대로 해 주렴.

음……. 댕댕이는 강아지고, 생파는 생일 파티예요. 그러니까 생일 선물로 댕댕이가 갖고 싶어요.

이제야 알겠구나. 그런데 왜 그런 말을 사용하는 거니?

친구들 사이에서 신조어나 줄임말 사용은 아주 당연한걸요.

그렇게 너희들끼리만 아는 언어를 쓰면 다른 사람은 네가 무슨 말을 하는지 모를 수 있단다.

그래도 재밌는데……. 하지만 다른 사람을 위해 앞으로는 조심할게요.

* 줄임말 사용을 두고 의견이 갈리는 이유는 받아들이는 정도에 차이가 있기 때문인 것 같습니다. 물냉이나 비냉처럼 전 세대에서 통하는 말도 있지만, 우리끼리만 아는 단어도 있으니까요. 여러분은 평소에 줄임말을 얼마나 자주 사용하나요?

초등학생이 많이 사용하는 신조어

아래에 사용된 대화에서 몇 개의 신조어를 알고 있나요? 요즘 초등학생은 신조어를 사용하지 않고는 친구와 대화가 불가능하다고 얘기합니다. 그런데 신조어를 많이 사용하면 언어 습관에도 큰 영향을 미친다는 사실을 알고 있나요? 지금부터 초등학생이 많이 사용하는 신조어는 무엇인지 살펴볼게요.

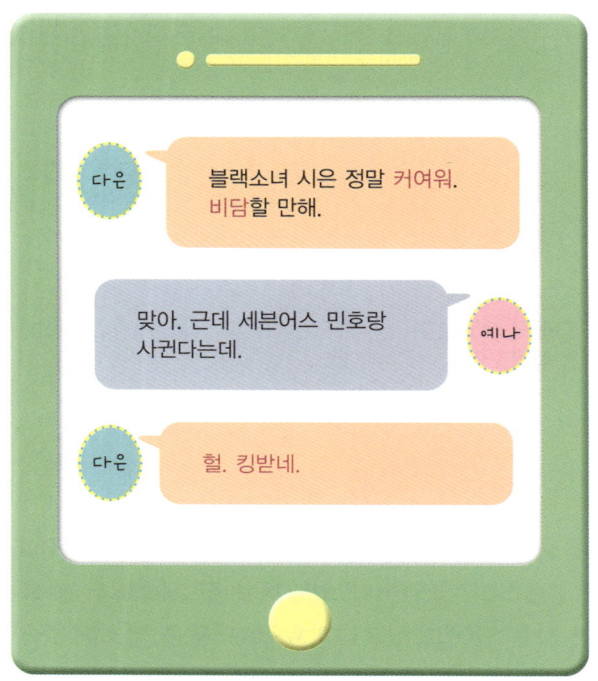

 신조어 뜻 설명

갓생 신을 뜻하는 'God'과 인생을 뜻하는 '생'의 합성어(모범적이고 부지런하게, 열심히 사는 인생). **싫존주의** '싫음(불호)+존중하는+주의'의 합성어(싫어하는 것을 당당히 밝히고 존중해 달라는 뜻). **중꺽마** '중요한 것은 꺾이지 않는 마음'의 줄임말. **개근거지** 학기 중 해외여행 등의 체험 학습을 가지 않고 꾸준히 등교하는 학생들을 비하하는 말. **잼민이** 온라인에서 미성숙하고 무례한 행동을 하는 초등학생을 부를 때 사용되는 말. **남아공** '남아서 공부나 해'의 줄임말. **싫테** '싫어요 테러'의 줄임말. **닉차** '닉네임 차별'의 줄임말. **랜친실안** 랜상에서는 친하나 실제 오프라인 만남에서는 안 친하거나 어색한 사이. **탕진잼** 재물 따위를 흥청망청 다 써서 없앤다는 뜻의 '탕진'과 재미를 뜻하는 '잼'의 합성어. **나심비** '나의 심리적 가성비(보편적인 가성비가 아

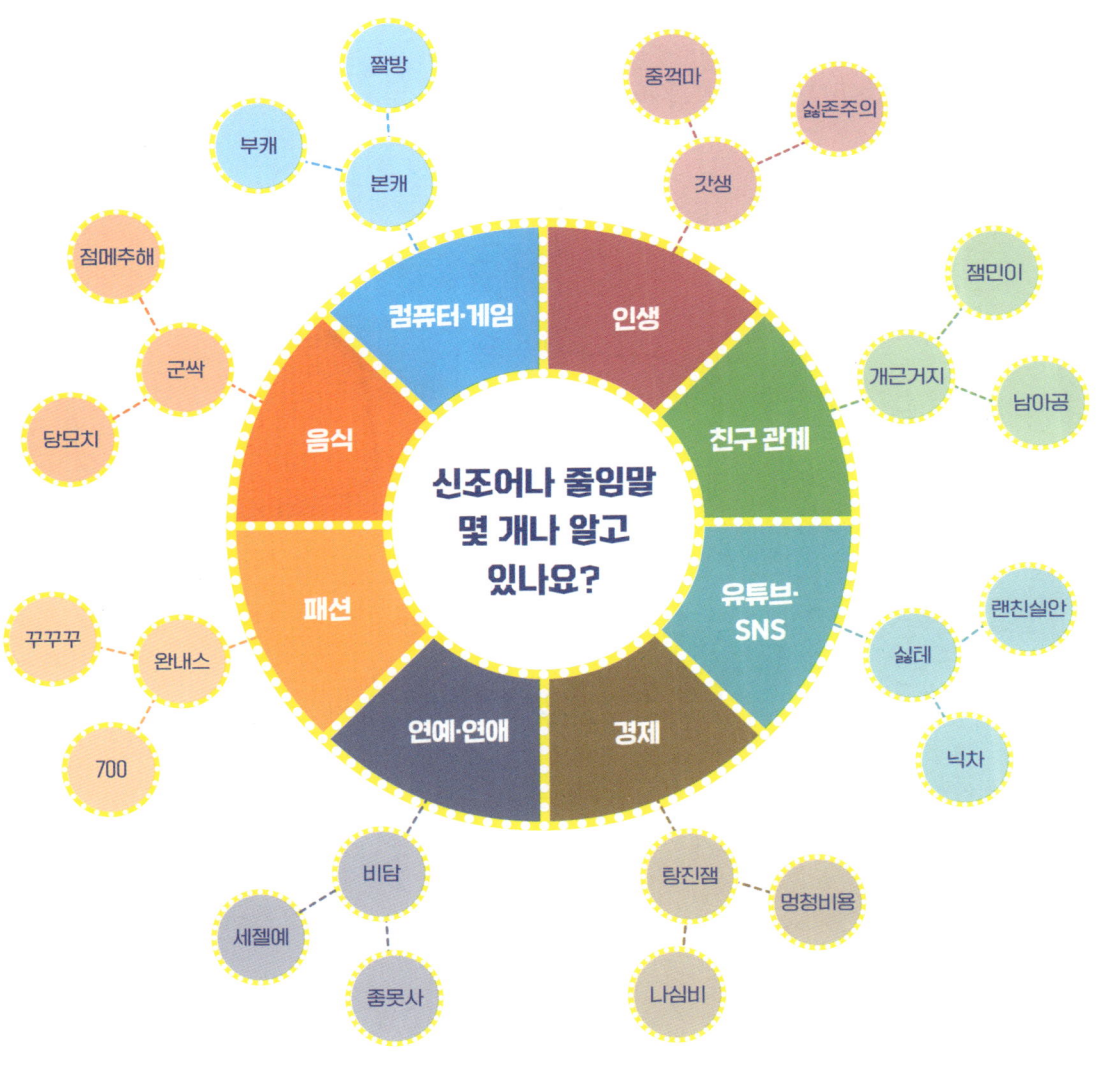

닌 나의 만족감을 위해 소비하는 형태'의 줄임말. **멍청비용** '멍청하게 낭비한 비용'의 줄임말. **비담** '비주얼 담당'의 줄임말. **세젤예** '세상에서 제일 예쁜 아이'의 줄임말. **좋못사** '좋다 못해 사랑해'의 줄임말. **완내스** '완전 내 스타일'의 줄임말. **꾸꾸꾸** '꾸며도 꾸질꾸질하다'의 줄임말. **700** 귀여워(초성 ㄱㅇㅇ를 숫자로 표현)를 뜻하는 말. **군싹** '군침이 싹 돈다'의 줄임말. **당모치** '당연히 모든 치킨은 옳다'의 줄임말. **점메추해** '점심 메뉴 추천해 줘'의 줄임말. **본캐** '본 캐릭터'의 줄임말. **부캐** '부 캐릭터'의 줄임말. **짤방** 짤방 방지용 사진에서 유래한 말로, 사람들의 흥미를 끌기 위해 인터넷에 올리는 사진이나 그림, 동영상 등을 부르는 말.

신조어를 찾아라!

다음 중 신조어를 모두 골라 O표 하세요.

- 시나브로
- 노답
- 멘붕
- 친구
- 안물
- 우리말
- 세젤멋
- 생파
- 김치찌개

정답: 노답, 멘붕, 안물, 세젤멋, 생파

◉ 바르고 고운 우리말을 알리자!

루리는 집에 온 다음, 톡을 받았다.

 루리야, 고마워.

루리는 기분이 좋았다. 누군가를 돕는 일이 이렇게 행복한 일인지 몰랐다. 루리는 소파에 앉은 엄마 곁으로 갔다.

"엄마, 마리가 필리핀 친구들이랑 자주 카톡도 하고 제페토도 해요."

"마리가 그 친구들에게 내 얘기를 많이 해서 다들 나랑 친해지고 싶어 한대요."

"그래? 잘 됐네. '우리말 좋은 방'의 반응은 좋아?"

루리가 힘없이 대답했다.

"내가 이렇게 썼는데도 사람들이 잘 안 들어와요."

> * '우리말 좋은 방'에서는 순우리말을 사용하며, 순우리말을 알려 드립니다.
> 고운 우리말을 올려 주시고, 좋은 우리말을 세계에 알려요.
> 아름다운 우리말에 자부심과 자긍심을 갖는 모든 분들과 함께해요.
> ('우리말 좋은 방'에서는 신조어나 줄임말 등을 사용하지 않고 바른 우리말만 사용합니다.)

엄마 옆에 있던 로운이가 루리의 휴대 전화를 슬쩍 들여다보더니 한마디했다.

"루리야, 지금도 마리에게 한국어를 가르쳐 주지?"

"응. 나랑 시윤이가 일주일에 세 번씩 방과 후에 하고 있어."

"학교에 안 갈 때나 못 가르쳐 줄 때 이 방을 활용해 봐."

로운이는 이어 말했다.

"동아리 이름도 '또래 선생님과 함께하는 한글방'으로 바꾸면 어때? 내가 알기론 초등학생이 초등학생에게 한국어를 가르치는 경우는 잘 없을 것 같아. 우선 마리부터 시작해서 다문화 아이들, 또 한국에 관심이 있는 전 세계 어린이들에게 한글을 가르치는 거야. 우리말뿐 아니라 우리 문화도 너희들 수준에 맞게 알려 주는 거지."

"로운아, 그거 좋은 생각이구나!"

가만히 이야기를 듣던 엄마가 말했다.

"그 말 하니까 생각났어. 마리의 크루에 들어가 보니까 필리핀 친구들을 위해 케이팝(K-POP)을 소개하고 있었어. 내가 들어갔더니 마리가 자기에게 한국어를 알려 주는 친구라고 소개했어. 그러니까 그 아이들이 자기들도 한국어를 배우고 싶대."

로운이가 말했다.

"바로 그거야. 그 친구들이 들어오고 추크(추천 크루)를 해야 많은 사람들이 네 방에 들어오지. 네 방에서 마리와 함께 한국어 공부를 하는 거야. 그 아이들이 배우고 싶어 하는 우리말을 가르치는 거지."

엄마가 말했다.

"그래, 루리가 또래 초등학생이 관심 있어 하는 것을 우리말로 소개하거나 알려 주는 거지. 케이팝(K-POP)에 대한 것도 좋고 로운이 말처럼 또래들이 관심 가질 만한 한국의 문화나 음식, 관광지 소개 등도 올리고 말이야. 예를 들어, 떡볶이 만드는 것도 좋고."

"맞아요. 마리가 떡볶이를 좋아해서 필리핀 아이들이 먹기에 엄청 맵지만 맛있다고 했어요."

"루리야, 크루 이름이 너무 긴 것 같아. '또래 한글방'으로 바꿔 보면 어때?"

"엄마, 그렇게 바꿀게요. 요즘 한국 문화와 전통놀이 열풍이 세계로 퍼져서 외국에서도 '무궁화꽃이 피었습니다'가 유행이라니까요. 크루방에 전통놀이를 소개하는 것도 좋겠어요. 이해를 못하는 부분은 시윤이가 영어로 설명해 줄 거예요."

루리는 당장 시윤이에게 전화를 했다. 전화를 끊자마자 루리가 환호성을 질렀다.

"마리가 일주일에 한 번씩 다문화 친구들과 모이는데, 거기에 나랑 시윤이, 이든이가 한글 선생님으로 왔으면 좋겠다고 했대요."

"잘됐구나."

엄마가 빙긋 웃으며 루리를 바라봤다.

기다리던 토요일, 세 아이는 아침부터 모여 한국어 자료를 준비하고 이야기를 나누었다. 퍼즐 게임으로 된 한글 공부, 끝말잇기, 카드로 배우는 한글은 물론 딱지치기, 공기놀이, 구슬치기, 사방치기, 징검다리, 땅따먹기, 그림자놀이, 술래잡기, 오징어 게임 등 다양한 전통놀이도 함께 준비했다.

세 아이는 두근거리는 마음으로 마리가 안내하는 곳으로 갔다. 필리핀, 베트남, 캄보디아, 네팔, 중국, 우즈베키스탄 등 여러 나라 친구들이 초롱초롱한 눈빛으로 또래 선생님을 기다리고 있었다.

이든이가 먼저 인사를 했다.

"안녕 애들아, 만반잘부(만나서 반가워 잘 부탁해)!"

옆에 섰던 시윤이도 손을 흔들며 말했다.

"많관부(많은 관심 부탁해)!"

생글생글 웃으며 세 아이를 반기던 아이들이 웃음기를 거두고 수군거렸다.

"그게 무슨 말이야?"

한 아이가 고개를 갸우뚱거리며 물었다.

"그것도 몰라? 난 알아."

다른 아이가 으쓱거리며 말했다.

"난 너희들이 흔한 신조어는 알고 있을 거라고 생각하고 일부러 말했는데……. 미안해."

"나도 미안해. 지금부터 바른 우리말만 사용할게."

이든이와 시윤이는 멋쩍어하며 다시 말했다.

마리가 조그맣게 말했다.

"아이들이 제대로 된 우리말도 잘 익히지 못했는데 신조어를 사용하면 혼란스러워 할 거야."

세 아이는 고개를 끄덕이고 조심스레 수업을 시작했다.

첫 수업은 서툴렀다. 여러 친구들 중 마리는 한국어를 잘하는 편이었다. 몇몇 친구들은 우리말로 설명하는 낱말 뜻을 이해하지 못해서 시윤이가 영어로 설명했다.

중국에서 온 친구에게는 어릴 때 아빠 사업 일로 중국에서 살다 온 이든이가 설명했다. 수업을 마친 루리와 시윤, 이든이는 이마에 땀이 송골송골 맺혔다.

"아유, 선생님 하기 정말 힘들다."

이든이가 땀을 닦으며 말했다.

"아이들이 우릴 흉보지는 않았을까?"

시윤이가 걱정했다.

"아자! 다음부터는 준비를 더 많이 해야겠어."

루티가 우렁차게 말했다.

뒤따라 나온 마리가 웃으며 말했다.

"아이들이 재미있대. 어른들이 가르치는 것보다 알아듣기 쉽고 좋대."

"정말?"

세 아이가 동시에 물었다.

"잘 가르친 건 아닌데, 우리가 또래라서 더 편했나 봐."

"다음엔 더 잘해 보자."

네 아이는 손을 모아서 '파이팅!'을 외치고 헤어졌다.

이날 이후, 루리는 토요일이 아닌 다른 날에는 단톡방에 다문화 가족 친구들을 초대해서 평소에 궁금했던 것이나 모르는 것을 이야기했다.

"이것 봐. '또래 한글방'에 방문자가 자꾸 늘고 있어."

루리가 기분 좋게 말하며 세 아이의 손을 잡았다.

다문화 친구들이 각자의 나라에 있는 친구들에게 루리의 한글방을 소개하고, 한국에 관심이 있는 여러 나라 아이들이 루리의 한글방으로 찾아왔다.

며칠 후, 엄마가 순우리말이 적힌 종이를 루리에게 내밀었다.

"이런 말도 소개하면 어떻겠니?"

온새미로 가르거나 쪼개지 않고 생긴 그대로.
예그리나 사랑하는 우리 사이.
라온제나 기쁜 우리.
시나브로 모르는 사이에 조금씩 조금씩.
바람만바람만 바라보일 만한 정도로 뒤에 멀찍이 떨어져서 따라가는 모양.
그린나래 그린 듯이 아름다운 날개.
가온누리 세상의 중심.

루리는 그중 몇 개를 골라 읽고 좋다고 했다.

"우리 루리 곧 유명 인사가 되겠는걸!"

엄마가 미소 지으며 루리의 볼을 어루만졌다.

그런데 한 달 뒤, 정말로 엄마의 말이 현실이 되었다. 루리는 '어린이 선생님의 한국어와 한글'이란 제목으로 어린이 신문에 실리고, '한글 사랑' 유튜브 방송에도 출현했다.

"우아, 우리 루리 최고! 나도 루리 오빠답게 한글 지킴이가 되어야지."

로운이는 루리가 자랑스럽다며 학교 안에 '말모이방' 동아리를 만들었다. 작은 시작이 큰 반향을 일으켰다. 신조어와 줄임말이 좋다던 아이들이 루리와 세 아이의 활약을 보며 점점 바른 말을 사용했다. 루리는 그런 변화에 뿌듯했다.

"애들아, 우리 앞으로도 바른 말을 사용하자!"

루리의 말에 세 아이는 웃으며 대답했다.

"그러자!"

루리는 한결같이 바르고 고운 말을 써야겠다고 다짐했다.

바른 언어 습관 기르기

'말 한마디에 천 냥 빚을 갚는다'라는 속담을 아나요? 말에는 아주 큰 힘이 있거든요. 아무 생각 없이 사용하는 말 한마디에서 그 사람의 성격이나 됨됨이를 알 수 있기 때문입니다. 아래 일곱 가지 '바른 언어 습관 기르기'를 통해 예쁘고 고운 말을 하는 멋진 어린이가 되세요.

1. 표준말과 고운 말을 사용합니다.
2. 우리말에는 높임말과 예사말이 있습니다. 어른에게는 항상 존댓말을 합니다.
3. 남을 흉보거나 욕하거나 놀리는 말을 사용하지 않습니다.
3. 말하기 전에 상대방 입장을 먼저 생각합니다.
4. 다른 사람의 말을 귀 기울여 듣습니다.
5. 나의 감정과 생각을 분명하게 말합니다.
6. 부정적인 말보다는 긍정적인 말을 사용합니다.
7. 다양한 문화를 배우고 존중하며, 차별이나 편견 없이 언어를 사용하는 태도를 갖습니다.

한눈에 보는 『훈민정음』의 역사

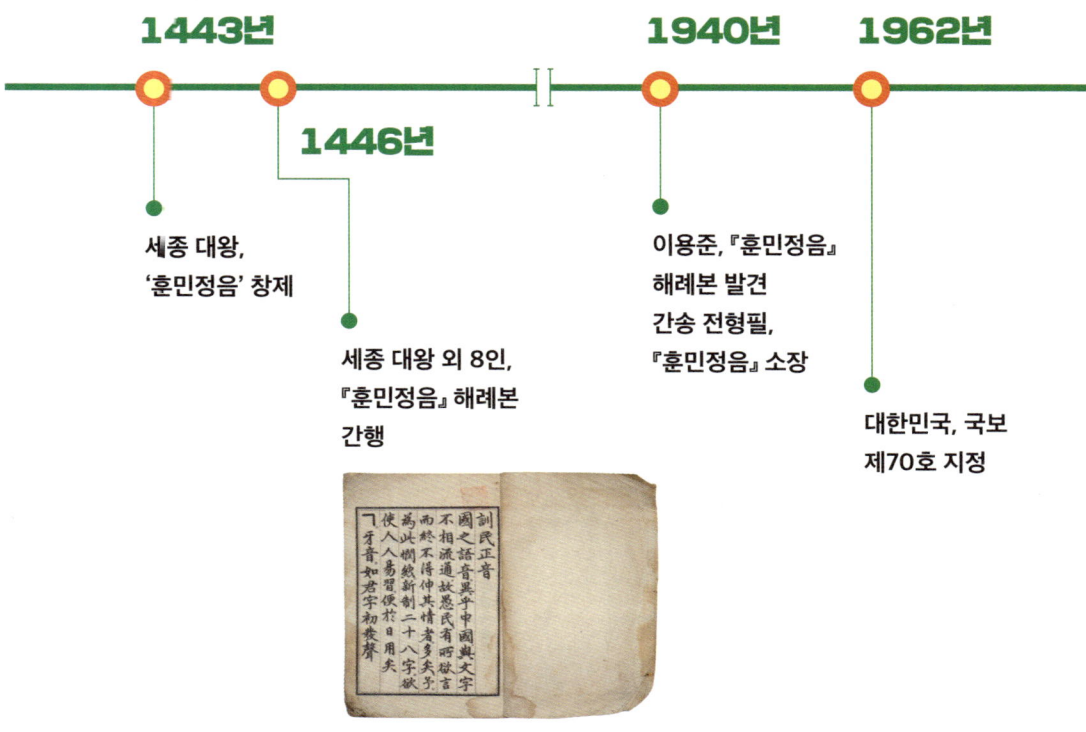

1443년 세종 대왕, '훈민정음' 창제

1446년 세종 대왕 외 8인, 『훈민정음』 해례본 간행

1940년 이용준, 『훈민정음』 해례본 발견 간송 전형필, 『훈민정음』 소장

1962년 대한민국, 국보 제70호 지정

출처: 국립한글박물관

1443년 세종 대왕은 집현전 학자들과 함께 우리의 글자인 훈민정음을 만들었습니다. 세종 대왕은 훈민정음 창제를 철저히 비밀리에 진행했습니다. 그래서 창제 2년 9개월쯤 뒤에 한글 창제의 원리가 담겨 있는 『훈민정음』 해례본을 펴냈습니다. 조선 시대에도 구하기 어려웠던 『훈민정음』 해례본은 1940년에 간송 전형필 선생이 문화재 보호를 위해 사게 되면서 그 실체가 드러났습니다. 이때 일본에서도 이 책에 관심이 많았지만 간송 전형필 선생이 비싼 값(당시 1만1000원, 현재 약 30억 원)에 『훈민정음』 해례본을 사들였습니다. 만약 이때 간송 전형필 선생이 이 책을 사지 못했다면 우리는 소중한 보물이자 자료인 『훈민정음』 해례본을 지킬 수 없었을 것입니다.

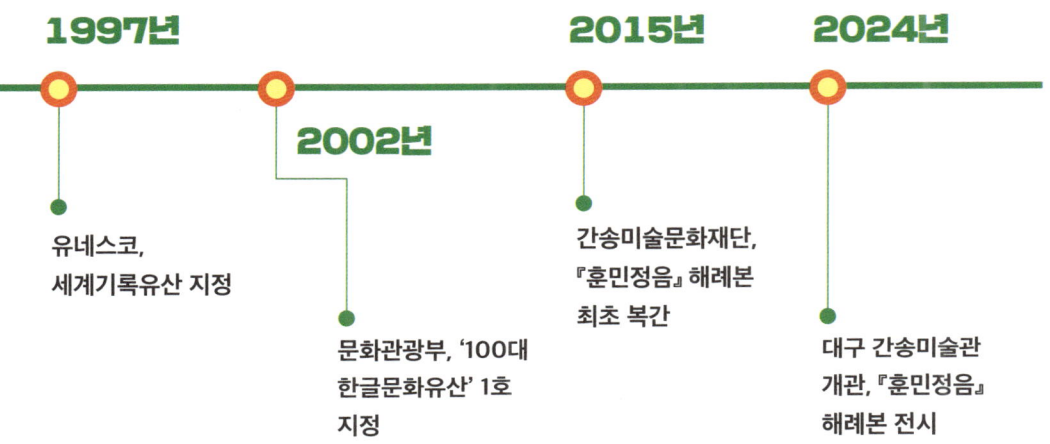

1997년 — 유네스코, 세계기록유산 지정

2002년 — 문화관광부, '100대 한글문화유산' 1호 지정

2015년 — 간송미술문화재단, 『훈민정음』 해례본 최초 복간

2024년 — 대구 간송미술관 개관, 『훈민정음』 해례본 전시

나랏말쓰·미

토론왕 되기!

신조어 사용은 언어 파괴일까, 언어 변화일까?

나는 신조어 사용에 찬성이야. 시대가 변하니까 그 시대에 맞는 새로운 말이 생기는 건 당연하다고 생각해. 재밌고 신나는 말을 만들어서 공유하는 게 나쁜 건 아니잖아.

그렇지 않아. 신조어가 유행하면 우리말이 파괴될 것이라고 생각해. 요즘 신조어를 보면 뜻을 알 수 없을 정도로 지나치게 변형되어 문법이나 맞춤법까지 헷갈리는 경우가 많아.

혹시 '대박'이나 '도긴개긴'이라는 단어 알아? 이 단어는 신조어였지만 표준어로 인정받았어. 신조어라고 다 나쁜 게 아니야.

시대를 반영하는 단어 중 표준어로 인정받는 경우도 있지만 요즘은 뜻을 알아차리기 어려운 신조어가 더 많아. 오히려 신조어를 몰라서 친구끼리 의사소통이 안 되거나 정보 전달이 되지 않는 경우가 있어.

잘 생각해 봐. 우리가 처음부터 한글을 안 건 아니잖아. 신조어도 배우고 익히면 되지. 그리고 의사소통만 잘 된다면 신조어를 사용해도 괜찮지 않을까?

의사소통도 문제지만 신조어를 많이 사용하면 언어의 품격을 떨어뜨리게 돼. '품격'은 한 사람에게 느껴지는 품위인데 바르고 고운 말을 사용하지 않으면 그 사람의 됨됨이까지 의심하게 돼.

그건 지나친 생각이야. 신조어는 시간이 지나면 자연스럽게 사라지는걸. 신조어 사용에 너무 민감한 반응 아닐까?

나는 바르고 고운 우리말을 사용하는 게 중요하다고 생각해. 신조어 사용은 우리말을 파괴하는 거라고 생각하니까.

* 바른 우리말을 사용하지 않고 신조어나 비속어, 줄임말 등을 사용하면 안 좋은 점들이 많습니다. 친구 사이에 서로 무슨 말을 하는지 알아듣기 어려울 수 있습니다. 또한 신조어 중에는 나쁜 뜻을 가진 말도 있는데, 나쁜 뜻을 모르고 계속 사용하면 우리 후손들에게 바른 한글이 아닌, 변형된 한글을 전하게 됩니다. 친구들과 함께 이 주제를 통해 우리가 자주 사용하는 신조어가 언어 파괴일지, 아니면 언어 변화일지 함께 이야기를 나눠 보세요.

OX 퀴즈

다음은 우리말에 대한 설명입니다. 각 문항을 잘 읽고 O 또는 X로 답해 보세요.

❶ 순우리말은 우리말 중에서도 순수하고 고유한 언어를 말한다.

❷ 라온제나의 뜻은 그런 듯이 아름다운 날개이다.

❸ 한글은 양반을 위해 태종이 만들었다.

❹ 우리말은 고유어, 한자어, 외래어로 이루어져 있다.

정답: ① O ② X ③ X ④ O

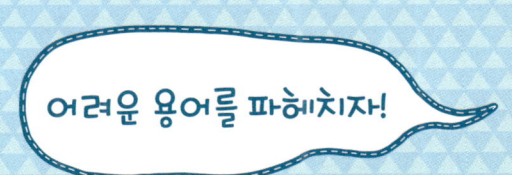

거무튀튀하다 너저분해 보일 정도로 탁하게 거무스름하다.

무궁무진 한계가 없다는 것을 일컫는 말로, 끝없이 뭔가가 이어질 것이라고 설명하는 말.

또래 나이나 수준이 서로 비슷한 무리.

보이스 피싱 통화로 개인 정보를 빼내어 범죄에 사용하는 사기 수법. 음성(voice)과 개인 정보(private data)와 낚시(fishing)를 합성한 말이다.

아바타 온라인에서 개인을 대신하는 캐릭터.

웹툰 인터넷 웹사이트를 통하여 연재되는 만화.

자국어 자기 나라의 말.

잰걸음 보폭이 짧고 빠른 걸음.

줄행랑치다 피하여 달아나다.

알아 두면 좋은 한글 공부 교육 관련 사이트

국립한글박물관 www.hangeul.go.kr
우리 민족 최고의 문화유산인 한글의 문자적·문화적 가치를 창출하고 널리 알리기 위해 만들어진 박물관입니다. 국내외 흩어져 있는 한글 자료를 조사·수집·연구하는 것은 물론 다양한 전시를 통해 한글의 문화적 다양성과 미래 가치를 보여 줍니다.

국립국어원 www.korean.go.kr
1984년 창립된 국어 연구 기관 '국립국어원'의 웹사이트입니다. 표준어, 외래어, 사투리 등 한글의 다양한 정보와 올바른 사용법을 알려 줍니다. '표준국어대사전'에서는 모르는 단어를 검색해 그 뜻을 찾아볼 수 있습니다.

한글학회 www.hangeul.or.kr
한글학회는 일제강점기에 '조선어학회'라는 이름으로 활동하면서 한글날도 만들고, 한글 맞춤법 통일안도 발표하는 등 우리말과 글을 지키기 위해 노력한 단체입니다. 그 뜻을 이어받아 우리말과 글을 연구하는 곳으로, 여러 연구 내용을 살펴볼 수 있습니다.

세종국어문화원 www.barunmal.org
2005년 국어기본법에 따라 설립된 기관으로, 우리말과 글을 지키고 가꾸는 일에 앞장섭니다. 국민의 국어 능력을 높이는 것을 목표로, 글쓰기 신문을 비롯해 다양한 교육 프로그램을 운영하고 있습니다.

신나는 토론을 위한 맞춤 가이드

『알쏭달쏭 신조어와 우리말 바로 쓰기』를 통해 초등학생이 많이 사용하는 신조어는 무엇인지, 어떤 상황일 때 신조어를 많이 사용하는지, 바르고 고운 우리말을 써야 하는 이유가 무엇인지를 알게 되었나요? 이제 마지막 단계인 토론을 잘하려면 올바른 지식과 다양한 정보가 뒷받침되어야 해요. 책을 다 읽고 친구 또는 부모님과 신나게 토론해 봐요!

잠깐! 토론과 토의는 뭐가 다르지?

토론과 토의는 모두 어떤 문제를 해결하기 위해 의견을 나누는 일입니다. 하지만 주제와 형식이 조금씩 달라요. 토의는 여러 사람의 다양한 의견을 한데 모아 협동하는 일이, 토론은 논리적인 근거로 상대방을 설득하는 일이 중요합니다. 토의는 누군가를 설득하거나 이겨야 하는 것이 아니기 때문에 서로 협력해서 생각의 폭을 넓히고 좋은 결정을 내릴 때 필요해요. 반면 토론은 한 문제를 놓고 찬성과 반대로 나뉘어 서로 대립하는 과정을 거치지요. 넓은 의미에서 토론은 토의까지 포함하는 경우가 많습니다. 토론과 토의 모두 논리적으로 생각 체계를 세우고, 사고력과 창의성을 높이는 데 도움을 줍니다.

토론의 올바른 자세

말하는 사람
1. 자신의 말이 잘 전달되도록 또박또박 말해요.
2. 바닥이나 책상을 보지 말고 앞을 보고 말해요.
3. 상대방이 자신의 주장과 달라도 존중해 주어요.
4. 주어진 시간에만 말을 해요.
5. 할 말을 미리 간단히 적어 두면 좋아요.

듣는 사람
1. 상대방에게 집중하면서 어떤 말을 하는지 열심히 들어요.
2. 비스듬히 앉지 말고 단정한 자세를 해요.
3. 상대방이 말하는 중간에 끼어들지 않아요.
4. 다른 사람과 떠들거나 딴짓을 하지 않아요.
5. 상대방의 말을 적으며 자기 생각과 비교해 봐요.

체계적으로 생각하기
외계어 같은 신조어, 이대로 괜찮을까?

요즘은 잼민이, 어쩔티비, 알잘딱깔센 등 뜻을 짐작하기 어려운 신조어가 많습니다. 신조어 사용에 대해 언어 파괴 현상이라고 비판하는 사람도 있지만 개성적이고 창의적인 언어 사용 현상이라고 보는 사람도 있습니다. 다음 기사를 읽고 아래 질문에 관해 자기 의견을 적어 보세요.

세대 간 소통을 방해하는 신조어

"어휴 저 잼민이 뭐하는 거야?"
지난 추석, A씨는 둘째 아이가 사촌과 놀고 있는 동생을 보고 유치하다며 내뱉은 말을 듣고 놀랬다. "그런 말을 어디서 배웠느냐"고 다그치자 "어쩔티비(어쩌라고 티비나 봐)"라는 알 수 없는 말을 했다.

SNS와 커뮤니티 문화가 자리 잡으면서 수많은 신조어가 인터넷, 동영상 플랫폼 등을 통해 젊은 세대 사이에 빠르게 확산하고 있다. 신조어가 독특한 언어적 문화를 형성하는 등 긍정적인 면도 있지만 세대 간 대화 단절 또는 어휘력 감소라는 문제를 일으킨다는 지적이 나온다.

실제 성인들 사이에선 신조어의 의미를 몰라 곤란한 경우가 적지 않았다. 국립국어원이 발표한 '2020 국민의 언어 의식 조사 결과보고서'에 따르면 43.1%(2155명)가 유행어나 신조어의 의미를 몰라서 곤란함을 겪었다고 답했다.

A씨는 "자녀들이 서로 신조어를 써가며 얘기하는 걸 듣다 보면 무슨 얘길 하는지 모르겠다"며 "그럴 땐 자녀와 자신 사이 벽이 세워져 있는 느낌"이라고 말했다. 신조어가 남용돼 표준어와의 경계가 희미해지는 것에 대한 우려의 목소리도 존재했다.

자녀를 둘 둔 B씨는 "생활용품점에서 쇼핑을 하던 중 아들이 한 제품을 보여 주면서 '이거 개좋아'라고 태연하게 말하더라"라며 "아이들 사이에 '개'라는 용어를 붙이는 것이 표준어처럼 사용되는 것 같다"고 토로했다.

황경수 청주대학교 국어교육과 교수는 '신조어'에 대한 장점과 단점을 다음과 같이 분석했다. 신조어의 순기능으로는 언어를 통해 당대의 시대상을 파악할 수 있는 점, 언어의 창의성이나 상상력, 유연성을 보여 주는 지표, 또래 간 소통의 중요 어휘 등을 꼽았다. 단점으로는 세대 간 소통 단절, 무분별한 비속어 표현, 표준어에 대한 무지 등을 들었다.

<충청일보> 기사, 2023. 10. 5.

1. '잼민이', '개근거지'와 같은 비하의 의미가 담긴 신조어로 무엇이 있을까요? 그중 하나를 골라 뜻이 무엇인지 조사해 보고, 문제점도 적어 보세요.

2. 기사에 따르면 신조어는 SNS와 인터넷을 통해 빠르게 확산한다고 합니다. 초등학생이 신조어를 사용하는 이유는 무엇인가요?

3. 기사에서는 신조어 때문에 아이와의 대화에 어려움을 겪은 부모가 있었습니다. 이것은 어떤 점에서 문제가 되는 것일까요? 그 이유를 적어 보세요.

논리적으로 생각하기 1
외국어 간판 사용이 왜 사회적 문제가 될까?

최근 서울 용리단길, 명동, 을지로 등 관광객이 많이 찾는 명소에 이국적인 가게가 생겨나고 있습니다. 그중 몇몇 가게는 현지어를 간판으로 내세워 가게 이름을 읽을 수 없는 경우도 있습니다. 다음 기사를 읽고 아래 질문에 관해 자기 의견을 적어 보세요.

외국어 간판이 즐비한 거리, 여기 한국 맞나요?

외국어 간판이 도심 속에 즐비하고 있다. 실제로 200m 남짓의 명동 거리에는 상점 49곳의 간판이 외국어로만 표기돼 있었다. 심지어 한글 병기 없이 일본어로 간판을 구성한 가게 중엔 내부 메뉴판까지 일본어로만 작성된 경우도 존재한다.

이처럼 일상에서 무분별하게 사용되는 외국어 간판은 손님들에게 불편을 준다. 간판은 가게의 전반적인 디자인이나 이미지를 보여 주기도 하지만, 가게명이나 업종을 알려 주는 역할도 한다. 그러나 외국어 간판을 읽을 수 없는 사람은 간판으로부터 정보를 얻을 수 없어 불편함을 겪는다. 특히 어린이와 노인처럼 외국어에 익숙하지 않은 이들은 외국어 간판을 통해 가게에 대한 정보를 얻기가 더욱 어렵다. 50대 시민 A씨는 "딸을 만나기 위해 딸이 알려 준 빵집을 찾아다녔지만 오랜 시간 찾지 못한 경험이 있다"며 "알고 보니 가게 간판이 외국어로 돼 있어서 눈앞에 두고 헤맸었다"고 불편했던 경험을 토로했다. 거기다 A씨가 찾은 가게는 메뉴판도 외국어로만 표기돼 있어 주문에 어려움을 겪었다.

이런 문제에도 불구하고 외국어 간판은 손님을 끌어오기 위한 전략으로 빈번하게 사용된다. 명동에서 옷 가게를 운영 중인 B씨는 "가게 간판을 영어로 썼을 때 미관상 예쁘기도 하고, 이국적인 분위기를 낼 수 있어 외국인 손님을 비롯해 더 많은 손님을 모을 수 있다"고 말했다. 외국어 간판이 매장을 표현하는 하나의 수단으로 사용된단 것이다.

한편 외국어 간판의 사용은 처벌이 가능하지만, 예외 규정으로 인해 사실상 처벌이 제대로 이뤄지진 않고 있다. 「옥외광고물 관리법」에 따르면 가게 외부의 간판은 한글로 표기하는 것이 원칙이다. 외국어로 표기할 경우, 특별한 사유가 없으면 한글과 병기해야 한다. 그러나 4층 이하에 설치되거나 크기가 5㎡ 이하인 간판은 법의 적용 대상에서 제외된단 예외 규정이 존재한다. 이 같은 예외 규정으로 인해 신고 대상의 범위가 한정적이라 사실상 대부분의 외국어 간판이 처벌을 피해간단 문제가 생긴단 것이다. 지자체 관계자 C씨는 "신고를 받고 현장에 나가면 적용 대상에서 제외되는 간판인 경우가 많다"며 "생각보다 옥외광고물 관리법 기준에 해당하는 간판이 많지 않다"고 말했다.

<한대신문> 기사, 2023. 10. 9.

1. 거리에 나가 보면 우리말 간판보다 외국어 간판이 더 많습니다. 여러분은 외국어 간판을 볼 때 어떤 느낌이 드나요?

2. 기사에 따르면 외국어 간판 때문에 가게를 찾지 못하는 경우가 있습니다. 앞으로 우리말 간판보다 외국어 간판이 더 많아진다면 어떻게 될까요? 외국어 간판이 사회에 미치는 영향을 생각해 보고, 이에 대한 자신의 생각을 적어 보세요.

논리적으로 생각하기 2
한국어 열풍, 외국인이 한국어를 공부하려면?

K-콘텐츠에 대한 관심이 높아지는 만큼 한국어에 대한 관심도 높아지고 있습니다. 다음 기사를 읽고 국가 차원에서 외국인이 한국어를 쉽게 배울 수 있는 방법으로 무엇이 있을지 적어 보세요.

전 세계 한국어 열풍, 한국어 학습자 2년 만에 두 배

케이팝(K-POP), 영화, 드라마 등 K-콘텐츠의 성장, 식품과 뷰티 등 한류 바람과 함께 한국어 학습 열기가 날로 뜨거워지고 있다. 급부상하는 한국어 인기는 세계 곳곳에서 확인된다. 베트남 정부는 2021년 한국어를 제1외국어로 지정했다. 경제적으로 일본 의존도가 매우 높은 태국에서도 한국어를 제2외국어로 선택한 학생이 19.8%로, 일본어(18.9%)를 앞설 정도다. 세계 최대 인구의 인도도 2020년 한국어를 제1외국어 정규 과목으로 채택해 놓고 있다. 유럽의 경우 한국어능력시험(TOPIK) 응시자 수가 2018년 292명에서 2022년 780명으로 수직 상승했다.

한국어를 교과목으로 채택한 전 세계 학교는 2023년 47개국 2,154개에 이른다. 7년 전인 2016년(27개국 1,309개)에 비하면 2배 가까이 늘었다. 세종학당도 2020년 10만1,675명(온라인 2만5,147명 포함)의 수강생을 받은 데 이어 지난해엔 21만6,226명(온라인 8만8,332명)을 받았다. 정부도 나름대로 늘어나는 한국어 학습 수요에 대응하고 있는 셈이지만, 수요에 비하면 턱없이 부족한 상황이다.

LA한국교육원 관계자는 "올해 예상보다 많은 3곳의 학교에서 한국어 과목 개설 지원 요청을 해왔다"며 "본국에 관련 예산을 추가로 요청해 놓고 있다"고 말했다. LA시티대학(LACC)의 캐럴 코서랙키 인문대학장도 "한국어반은 수강생 모집 즉시 마감되는 우리 대학에서 가장 인기 있는 과정"이라며 "한국어 과정을 늘리지 않을 수 없는 상황"이라고 말했다. LACC는 10개 이상의 한국어 강좌와 한국 문화 체험 프로그램을 제공하고 있다.

〈한국일보〉 기사, 2024. 7. 31.

1. 베트남은 제1외국어로 한국어를 지정했습니다. 그 외 여러 나라에서 한국어를 제2외국어로 선택하는 이유는 무엇일까요? 그 이유에 대해 적어 보세요.

2. 기사에 따르면 외국인의 한국어 학습에 대한 관심이 높아지고 있습니다. 어떻게 하면 더 많은 외국인이 한국어를 배울 수 있을까요? 국가 차원에서 해결할 수 있는 방법을 적어 보세요.

우리말 행복 통장 만들기

오늘 하루 나를 행복하게 한 단어나 생각을 모으는 통장입니다. 하루를 생각하면서 기억에 남는 단어와 생각을 적어 보세요.

일 시	나를 행복하게 해 준 단어나 생각

예시 답안

외계어 같은 신조어, 이대로 괜찮을까?

1. '개근거지'는 학기 중에 체험 학습을 신청하지 않고 개근하는 학생을 일컫는 말이다. 이 신조어는 해외여행과 관련이 깊다. 코로나19 이후 해외여행을 가고자 하는 사람이 늘어나는 추세인데, 이때 해외여행을 가지 않고 성실하게 학교에 오는 학생을 비하하는 의미를 담고 있다. 만약 '개근거지'라는 말을 들은 학생이 있다면 평생 상처 입은 마음으로 살아가게 될 것이다. 나의 부를 과시하기 위해 상대를 비하하거나 혐오하는 말을 하는 건 옳지 않다.

2. 요즘은 SNS나 메신저로 대화하는 일이 많다. 이때 신조어를 사용하면 글자를 줄여 말해 시간이 절약되고, 의사소통을 빠르게 할 수 있다. 또한 길게 설명하지 않아도 현재의 기분이나 심리 상태를 효과적으로 표현할 수 있고, 신조어 중에는 재미난 표현이 많아서 친구와 더 가깝게 지낼 수 있다.

3. 신조어는 젊은 세대가 만드는 경우가 많다. 그래서 어른 세대는 그 뜻을 모르는 경우가 많다. 이 때문에 신조어를 사용하면 세대 간 소통에 방해가 될 수 있다. 만약 대화가 단절되는 상황이 계속 이어진다면 사람과 사람 사이의 관계 형성에도 문제가 생길 수 있다. 또한 젊은 세대가 분위기를 부드럽게 하기 위한 방안으로 신조어를 사용하더라도 그것을 모르는 사람에게는 어색함과 소외감을 줄 수 있다.

외국어 간판 사용이 왜 사회적 문제가 될까?

1. 우리는 동네 간판 중 우리말 간판보다 외국어 간판을 더 쉽게 찾을 수 있다. 오히려 우리말로 된 한글 간판을 찾기 어려울 정도다. 그래서 외국어 간판을 봐도 하나도 낯설지 않다.

2. **찬성**: 전 세계에서 가장 많이 사용하는 언어가 영어이다. 만약 영어 간판이 있다면 우리나라를 찾는 외국인은 가고 싶은 장소를 보다 쉽게 찾을 수 있다. 왜냐하면 외국인에게는 우리말보다 영어가 더 익숙하기 때문이다. 외국인을 상대로 장사를 하려면 어쩔 수 없다.

반대: 외국어 간판이 점점 더 늘어난다면 바르고 고운 우리말이 훼손될 수 있다. 오히려 우리나라를 찾는 외국인들은 한국어와 한국 문화에 관심이 많다. 그들에게 한국 문화를 알리기 위한 방법으로 한글 사용을 적극 장려해야 한다.

한국어 열풍, 외국인이 한국어를 공부하려면?

1. 현재 우리나라는 세계 10위권 내외의 경제 대국으로 성장했다. 그에 따라 세계 각국과의 교류도 많아졌다. 외국인이 제2외국어로 한국어를 배우면 교류에서 발생하는 언어적 어려움을 덜 수 있으며, 한국 기업에 취업할 때 유리하다. 또한 케이팝(K-POP), 드라마, 영화 등 K-콘텐츠를 쉽게 이해할 수 있을 뿐만 아니라 한국 문화를 깊이 이해할 수 있다.

예시 답안

2. 요즘 케이팝(K-POP), 드라마, 영화, 웹툰 등 K-콘텐츠에 대한 관심이 높다. 제2외국어로 한국어를 선택하는 나라도 늘고 있다. 국가에서는 이런 열풍이 계속 이어질 수 있도록 전 세계에 세종학당의 수를 더 늘려야 한다. 이때 세종학당은 학습자의 학습 목적과 수준에 맞춘 교육과정, 한국어 전문 교원 및 교재 다양화를 통해 한국어와 한국 문화에 대한 관심을 만족시켜야 한다.

우리말 행복 통장 만들기

예시 답안

일시	나를 행복하게 해 준 단어나 생각
○월 ○일	단어: 햇살 생각: 따뜻한 햇살에 마음이 몽글몽글해졌다.

누적 판매 **250만부** 돌파!

NEW 과학토론왕

본책 40권 + 독후 활동지 10권

뭉치북스가 만든 국내 최초 토론책! 초등 국어 교과서 선정 도서!
한국디베이트협회와 교육 전문가들이 강력 추천한 책!

과학토론왕6 《지켜래멸종 위기의 동식물》
초등 5학년 1학기 국어 교과서 수록